ZHONGGUO
JIBEN GONGGONG FUWU JIANSHE WENTI
YANJIU

中国基本公共服务建设问题研究

研 究

秦楼月　著

人 民 出 版 社

目　录

序　言 ………………………………………………………… 1

导　论 ………………………………………………………… 1

第一章　马克思主义共同需要思想的主要内容 …………… 34

　一、马克思恩格斯的共同需要思想 ……………………… 34

　　（一）共同需要思想的方法论基础 …………………… 35

　　（二）共同需要思想的内涵 …………………………… 37

　　（三）实现共同需要的手段方式 ……………………… 39

　　（四）实现共同需要的途径 …………………………… 46

　　（五）满足共同需要的根本目的 ……………………… 50

　　（六）满足共同需要的归宿 …………………………… 52

　二、马克思恩格斯共同需要思想在中国的发展 ………… 55

　　（一）毛泽东的共同需要思想 ………………………… 55

　　（二）邓小平的共同需要思想 ………………………… 61

　　（三）"三个代表"重要思想与共同需要 …………… 65

（四）科学发展观与和谐社会构建中的共同需要

思想 ……………………………………………… 68

三、马克思主义共同需要思想与西方基本公共服务理论 …… 69

（一）西方基本公共服务理论的发展阶段 …………… 70

（二）西方基本公共服务发展演变原因 ……………… 78

（三）马克思主义共同需要思想与西方基本公共服务

理论的比较 …………………………………… 83

第二章 新中国成立以来基本公共服务建设的历史考察 ……… 86

一、改革开放前我国基本公共服务的实践探索 …………… 86

（一）改革开放前我国基本公共服务的实践 ………… 87

（二）改革开放前我国基本公共服务取得的成就

与评价 ………………………………………… 94

二、改革开放后我国基本公共服务制度改革 …………… 108

（一）基本公共服务改革的初始阶段 ……………… 109

（二）基本公共服务改革的发展阶段 ……………… 117

第三章 现阶段基本公共服务改革中存在的问题及原因

探讨 …………………………………………… 122

一、现阶段基本公共服务改革存在的问题及其影响 ……… 122

（一）基本公共服务总量不足 ……………………… 122

（二）基本公共服务制度安排的缺陷 ……………… 128

（三）基本公共服务供给结构失调 ………………… 132

（四）基本公共服务存在问题对社会经济发展造成的

影响 …………………………………………… 137

二、现阶段基本公共服务改革中存在问题的原因探讨 ……… 145

　　（一）经济水平落后限制了基本公共服务的充足

　　　　　供给 …………………………………………… 146

　　（二）发展理念的缺陷制约基本公共服务的有效

　　　　　供给 …………………………………………… 147

　　（三）政府职能转变滞后制约基本公共服务的适时

　　　　　供给 …………………………………………… 148

　　（四）新自由主义对基本公共服务供给体制改革的

　　　　　干扰 …………………………………………… 153

　　（五）具体制度安排设计影响了基本公共服务的公平

　　　　　供给 …………………………………………… 156

三、西方国家基本公共服务实践的考察与借鉴 ………… 159

第四章　现阶段基本公共服务建设的思考 ……………… 165

一、现阶段基本公共服务建设的价值取向 ……………… 165

二、现阶段基本公共服务建设的原则 …………………… 169

　　（一）发展经济和基本公共服务改革结合 ………… 170

　　（二）以基本公共服务制度安排促进收入公平分配 … 172

　　（三）政府与市场结合 ……………………………… 176

　　（四）供给与需求结合 ……………………………… 179

三、现阶段满足共同需要的基本公共服务建设的对策

　　选择 …………………………………………………… 181

　　（一）以义务教育均衡发展满足知识经济社会共同

　　　　　需要 …………………………………………… 181

　　（二）以社会保障适度提供满足风险社会共同需要 …… 187

（三）以医疗卫生服务全民覆盖满足可持续发展社会
共同需要 ………………………………………… 191
（四）以现代基础产业普遍提供满足信息社会共同
需要 …………………………………………………… 197

参考文献 ………………………………………………… 202
后　记 …………………………………………………… 215

图 表 目 录

表 2-1　改革开放前全国卫生机构发展情况 …………………… 100

表 2-2　改革开放前我国各级各类学校发展情况 ……………… 100

表 2-3　建国以来教育投资的基本状况 　…………………… 102

表 3-1　改革开放以来城镇居民家庭消费结构变化情况 ……… 124

表 3-2　城镇居民家庭人均全年医疗保健、娱乐教育

文化支出情况 …………………………… 126

序　言

随着社会主义市场经济体制的初步建立，我国经济社会生活发生了巨大变化，基本公共服务的重要地位日益凸显，其理论研究和实践操作更加受到重视。由于基本公共服务制度和实践是根植于一定的政治、经济、文化环境的，因此我国基本公共服务的理论与实践必须与社会主义制度和我国具体的国情相结合。本书在梳理马克思主义共同需要思想主要内容的基础上，结合我国几十年基本公共服务的历史实践，分析了我国当前基本公共服务中存在的主要问题并揭示其原因，提出了现阶段基本公共服务建设的思路。

全书共分四章。

第一章"马克思主义共同需要思想的主要内容"。它是全书的理论基础和逻辑起点。本章分为马克思恩格斯共同需要思想、当代中国对马克思恩格斯共同需要思想的继承和发展、马克思主义共同需要思想与西方公共服务理论比较三个方面的内容。马克思共同需要思想的方法论基础是历史唯物主义和辩证唯物主义，共同需要的内涵是基于人的社会性产生的具有开放性、互动性、共享性的需要，其覆盖内容及范围不断深化、变革和演进。通过变革所有制、发挥国家政府社会管理职能、促进生产力发展是实现共同需要的手段方式及途径，满足共同需要的目的及归宿是实现公平分配和人的全面而自由的发展。实际上，马克思共同需要思想是一个开放的、不断发展的思想体系。我们党在革命、建设和改革的各个历史时期，坚持把马克思共同需要思想同我国的具体实际和时代特征相结合，始终关注人民的生活，不断进行理论创新，不断推动实践发展，丰富和发展了马克思共同需要思想。马克思主义者运用唯物主义方法对共同需要问题的论述，既立足于现实，又着眼于未来，他们远远超出了西方理论家的思维空间。西方公共服务理论虽然随着社会关系的变化不断调整，但为私人资本发展提供基础条件和通过再分配缓和社会矛盾的本质是不变的。所以决不能把马克思主义与西方资产阶级学说混同起来，抹杀它们之间的本质区别。我们在坚持马克思主义立场、观点和方法的同时，可以学习、借鉴西方学者对公共服务微观操作层面上的研究成果。

第二章"新中国成立以来基本公共服务建设的历史考察"。通过对新中国成立以来基本公共服务实践的历史回顾，总结经验教训，以便更好地指导我国基本公共服务建设。以1978年为界，新中国基本公共服务建设分为改革开放前和改革开放后两个阶段。1949年中华人民共和国成立伊始，新中国基本公共服务制度建设也相继开始。在计划经济条件下，就社会经济活动的全面发展和满足人民物质文化生活需要进行了整体安排和相互协调，我国建立了一套与当时经济体制相适应的基本公共服务制度。城市以单位、农村以人民公社为基本载体的基本公共服务制度，对保障人民生活、促进经济发展起到了重要作用。受当时生产力发展水平的影响，基本公共服务不可能得到全面安排，人们享受到的基本公共服务的内容和质量非常有限，但人们能普遍地享有这些服务，实践效果也比较好，取得了超出其经济水平的成就，对中国社会产生了广泛而深远的影响。20世纪70年代末开始的经济体制改革打破了过去依托计划经济体制的基本公共服务的制度基础，城市以单位和农村以人民公社为载体的基本公共服务供给体系难以为继，我国开始探索建立新的基本公共服务体制。经过改革开放30多年的发展，我国基本公共服务在各个方面已经取得了很大的进步，基本公共服务范围不断扩大、服务质量不断提高。改革开放后的基本公共服务改革以《中共中央关于完善社会主义市场经济体制若干问题的决定》为标志为两个阶段：一是基本公共服务改革的初始阶段；二是基本公共服务改革的发展阶段。前一阶段是由计划经济体制向市场经济体制转型引发和推动的，基本公共服务改革朝着市场经济的方向发展。后一阶段是在科学发展观和构建社会主义和谐社会的指引下，基本公共服务改革进入了一个新的阶段。

第三章"现阶段基本公共服务改革中存在的问题及原因探讨"。在科学发展观与构建社会主义和谐社会目标的指引下，我国基本公共服务改革进入了新的发展阶段。在这样的现实背景下，剖析现阶段基本公共服务改革中存在的主要问题及其原因，是进一步探讨我国基本公共服务建设的前提和基础。总体上看，基本公共服务存在总量不足、供给结构失调、制度安排的缺陷等问题，这些问题的存在影响了社会经济的进一步发展。分析现阶段我国基本公共服务改革中存在问题的深层原因是进一步探求促进基本公共服务发展的前提。我国目前仍然处于社会主义初级阶段，生产力发展水平低，经济基础薄弱，这是制约我国基本公共服务发展的根本原因。发展理念缺陷、政府职能转变滞后、新自由主义的干扰及具体制度设计的不公等在不同程度上影响和制约着现阶段基本公共服务的建设和发展。而西方国家在基本公共服务实践中的某些有效做法可以为解决我国基本公共服务中的问题提供一些思路。

第四章"现阶段基本公共服务建设的思考"。以马克思主义共同需要思想为基础，结合基本公共服务改革中的问题，提出确立基本公共服务建设以人为本的价值取向和坚持经济发展和基本公共服务改革结合、以基本公共服务制度安排促进收入公平分配、政府与市场结合、供给与需求结合等原则。在具体的基本公共服务建设中，从人生存、发展赖以存在的社会环境出发，选择义务教育、社会保障、医疗卫生及现代基础产业四个方面的内容进行论述，对这些基本公共服务建设问题不求面面俱到，但通过对这些问题的论述，对基本公共服务建设有总体了解，并提出原则性的对策建议：以促进义务教育均衡发展满足知识经济社会的共同需要；以加快社会保障适度提供满足风险社会的共同需要；以实现医疗卫生服务全民覆盖满足可持续发展社会的共同需要；以推进现代基础产业普遍提供满足信息社会的共同需要。

导　论

　　随着社会主义市场经济体制的初步建立，我国经济社会生活发生了巨大变化，基本公共服务的重要地位日益凸显，其理论研究和实践操作更加受到重视。由于基本公共服务制度和实践是根植于一定的政治、经济、文化环境的，因此我国基本公共服务的理论与实践必须与社会主义制度和我国具体的国情相结合。挖掘马克思主义共同需要思想，并从我国几十年基本公共服务实践的历史中总结经验，同时借鉴西方公共服务的成功做法，是解决近年来我国基本公共服务领域中问题和矛盾的出路。

　　从理论意义上看，主要体现在以下几个方面：

　　第一，马克思主义共同需要思想和社会主义基本公共服务建设是马克思主义政治经济学的重要组成部分。共同需要思想是在马克思主义政治经济学基本理论和方法的指导下，从个人和社会存在及发展的最基本需要出发探讨一般社会共同需要，并对资本主义、社会主义共同需要的本质、来源及发展进行研究。毛泽东、邓小平等党和国家领导人根据自己所处的时代和国家的特点，在社会主义实践中丰富和发展了马克思的共同需要思想，并进行了社会主义基本公共服务的实践。系统地研究和挖掘马克思主义经典作家的共同需要思想、总结社会主义基本公共服务实践是政治经济学学科建设的一项重要任务。

第二，马克思主义共同需要思想和社会主义基本公共服务建设是在社会主义市场经济条件下进一步研究基本公共服务问题的理论基础。基本公共服务问题是当前改革的重要问题，对基本公共服务研究的文献较多，学者们从不同角度对公共服务、基本公共服务问题进行了深入的分析。但是，从总体上看，从马克思经典作家角度对公共服务进行的研究分析还比较薄弱，在当前社会主义基本公共服务的实践中存在着对西方基本公共服务的照搬和误用。这种情况不利于我国基本公共服务的建设，也不利于社会主义经济理论的发展。因此，建立一种科学的、符合国情的基本公共服务理论，是中国经济学特别是马克思主义经济理论发展中的一个的重大问题。

第三，研究马克思主义共同需要思想和社会主义基本公共服务建设是正确借鉴西方基本公共服务理论的前提。西方基本公共服务理论和实践是在长期的市场经济条件下逐步得到发展的，其研究中取得的积极成果和具体操作中积累的很多经验，对指导我国基本公共服务研究和实践具有重要而直接的借鉴意义，因此，用西方基本公共服务理论分析我国当前基本公共服务问题的学者日益增多。但是，西方发达国家对基本公共服务的研究，基本采用了非马克思主义的立场和非历史唯物主义的方法，以唯心史观和形而上学方法论为指导研究基本公共服务问题。其研究视野相对集中于资本主义市场经济，把资本主义私有制条件下的市场经济作为立论基础，把它作为适用于人类社会自始至终的绝对现象，所以，西方基本公共服务理论无疑具有二重性：特定的阶级性和一定条件下的适用性。我们必须分析西方公共服务理论中具有明显阶级性和意识形态色彩的东西，不能简单照搬和挪用。另一方面，深入研究西方基本公共服务理论，可以吸取其科学的成分。在"马学为体、西学为用"思想指导下丰富和发展马克思主义经济学理论，指导社会主义经济实践。

第四，研究马克思主义共同需要思想和社会主义基本公共服务建设是新形式下坚持和发展马克思主义的需要。马克思主义共同需要思想是以辩证唯物主义和历史唯物主义的历史观和方法论为指导、以马克思主义政治经济学为基础建立起来的，是马克思主义的重要组成部分。但是，马克思主义是科学，而不是教条，坚持马克思主义就是用马克思主义的立场、观点和方法研究新现象、分析新问题，根据实际的发展对马克思共同需要思想进行完善和创新。由于马克思所处的时代背景和研究任务，他们对社会主义市场经济条件下的基本公共服务问题没能做出具体的设想，这需要理论工作者在社会主义基本公共服务研究中，在坚持马克思主义共同需要思想的前提下，发展马克思主义共同需要思想，指导社会主义基本公共服务建设实践。

从现实意义上看，着力研究马克思主义共同需要思想和社会主义基本公共服务建设，对于构建社会主义市场经济条件下基本公共服务体制具有重要的指导意义。改革开放后，我国经济快速发展，GDP 年均以近 10% 的速度增长，与此相应，中国社会由生存型社会向发展型社会转型，全社会公共需求全面快速增长。但是，基本公共服务短缺、不均等的矛盾也日益突出，集中体现在城乡居民享有基本公共服务不均等、福利水平差距扩大、社会不公问题突出、农村经济社会发展落后、社会矛盾加剧等方面。这在一定程度上影响了我国实现全面小康与构建和谐社会的进程。在当前构建社会主义和谐社会和推进科学发展的进程中，研究马克思主义的共同需要思想和社会主义基本公共服务建设，对于缩小城乡间、区域间、公民间享有的基本公共服务差距，缓和社会矛盾，维护政治稳定、推动人的全面发展，具有重要的实践意义。

基本公共服务作为人类发展到一定阶段的产物，理论界对此进行了广泛而深入的讨论，提出了许多有价值的研究成果。

国外对于基本公共服务的研究主要渗透在公共经济学或公共财政学、行政管理学、伦理学等学科的研究中。对于公共财政学或公共经济学来说，这一学科中的整个公共产品理论就是对基本公共服务问题的研究。一些近代经济学家如亚当·斯密、约翰·穆勒的理论著作中对政府职能的论述都涉及到了公共产品问题。但是系统的公共产品理论是上个世纪五十年代以来逐步形成的，并沿着两条分析路径展开。一是萨缪尔森等人对公共产品外在技术特征的分析道路，萨缪尔森在《公共支出的纯理论》一文中开创性地分析了公共产品消费中非竞争性的特征，随后，马斯格雷夫在《公共财政理论》一书中，又提出了公共产品消费中的非排他性特征。此后，非竞争性与非排他性这两个特点就成为判断公共产品的标准。二是布坎南等人从公共产品供给的公共组织层面的研究，布坎南在《民主财政论》一书中，集中表达了他的公共产品和公共选择思想，认为公共产品是由供给过程决定的，因为任何原因通过集体组织提供的商品都被定义为公共产品。后来许多人都延续了他的观点，其中奥尔森在《集体行动的逻辑》中，把公共产品放到公共组织中去认识，进行了详细的分析。就公共产品的非竞争和非排他两大属性而言，不完全是公共产品的天然属性，非竞争是公共产品自身的因素决定的，非排它是公共产品的外在因素决定的，是随着政治经济文化科学技术的变化而变化的。随着技术条件的变化，原来不排他的也能实现排他。国外一些学者也对此提出质疑，当代美国著名经济伦理学家乔治·恩德勒从经济伦理的角度提出"甚至可更广义地理解公共物品，即把它理解为社会和个人生活以及追求经济活动的可能性的条件"。布坎南、戈登图·洛克等从实证与规范的角度，研究政治决策过程对经济政策的影响，开创了一种与传统经济的市场决策理论相对应的政治或集体决策理论。公共选择理论正是针对这一问题用经济方法研究这种政治决策过程。然而，在政治决策过程中个人是否会诚实地表露其偏好，政治市场是否会同样存在着失灵现象等一系列问题，使之不可能从根本上解决公共产品的偏好显示、有效供给等难题。

西方的正义、公平理论对基本公共服务发展产生了重大的影响。罗尔斯是首次将理性原则运用于对公共事务思考的哲学家。《正义论》通过他的作为"公平的正义"理论中两个正义原则的论述，体现了他的平等主义倾向和展示社会理想的状态，为基本公共服务在西方的实践构建了伦理前提。第一个正义原则：每个人对与所有人所拥有的最广泛平等的基本自由体系相容的类似自由体系都应有一种平等的权利（平等自由原则）。第二个正义原则：社会的和经济的不平等应这样安排，使他们：（1）在与正义的储存原则一致的情况下，适用于最少受惠者的最大利益（差别原则）；（2）依系于在机会公平平等的条件下职务和地位向所有人开放（机会的公正平等原则）。罗尔斯并不完全否认收人和地位的不平等，但他的正义观强调对这些不平等的限制条件。罗尔斯的正义理论被森和很多其他评论者认为是当代最重要的道德哲学理论。阿玛蒂亚·森被瑞典皇家科学院称为"集经济学和哲学手段于一身，从道德规范去讨论重要的经济问题"的经济学家。罗尔斯的的正义原则对于森有强烈影响，森吸收了罗尔斯正义论的观点，并对之进行了高度的评价。但森认为，"罗尔斯忽略了人在实际利用基本物品并使其转化为有效行动的能力上有着显著的差别。"森提出了自己的"能力平等原则"，他认为对于平等的衡量是基于基本能力的，即一个人赖以进行基本活动的能力。基于基本能力的平等原则，比基于效用和物品的平等原则，更接近对人的价值的肯定。森关注主体内在的能力，对人类来说，最起码包括接受教育、享有必要的营养、避免早逝、不受可预防疾病的感染、不受限制的迁徙等，这是实现主体能力的途径。人自身能力的增强，既关系到效率的提高和生产力的发展，又关系到人的尊严等高级需要。

行政管理学领域对于基本公共服务的研究主要体现在新公共管理运动和新公共服务理论之中。20世纪80年代中后期以来，在新古典经济理论崛起、经济全球一体化和信息技术革命迅猛发展的背景下，西方公共行政改革运动推动了新公共管理理论的产生和发展。西方新公共管理运动中，先后涌现了一批富有成果的著名学者。英国人克里斯托弗·波利特和比利时人海尔特·鲍克尔特的《公共管理改革——比较分析》、澳大利亚欧文·E·休斯的《公共管理导论》、新西兰穆雷·霍恩的《公共管理的政治经济学——公共部门的制度选择》、著名的企业家政府理论的倡导者美国人戴维·奥斯本和特德·盖布勒的《改革政府——企业家精神如何改革着公共部门》以及美国人埃莉诺·奥斯特罗姆的《公共事务的治理之道》和《公共服务的制度建构》等经典著作。新公共管理理论的主要主张有：一是取消公共服务供给的垄断，引入市场竞争机制，对某些公营部门实行民营化，让更多的部门参与公共服务的供给；二是改革政府内部管理机制，更加重视政府的产出、结果、效率和质量，主张放松行政规制，实行绩效目标管理，强调对目标完成情况的测量和评估；三是政府应以社会和公众的需求为导向，在对新公共管理理论批判与反思的基础上，新公共服务理论在美国应运而生，其集大成之作是美国著名学者珍妮特·登哈特和罗伯特·登哈特所著的《新公共服务——服务，而不是掌舵》。"新公共服务"理论提出了以公民为中心的公共行政理念：认为政府的职能是服务，而不是"掌舵"或"划桨"；公共利益是目标而非副产品；公务员要为公民服务，而不是为顾客服务；公务员的责任在于关注宪法法律、社区价值观、政治规范、职业标准以及公民利益，而不仅仅是关注市场；公民权和公共服务比企业家精神更重要等。

西方发达国家对基本公共服务的研究蕴涵着丰富的基本公共服务实践的思想，为我们进一步进行基本公共服务的研究和实践提供了有意的启示和丰富的资料。但是，西方对基本公共服务的研究基本采用了非马克思主义的立场和非历史唯物主义的方法，以唯心史观和形而上学方法论为指导研究基本公共服务问题，其研究视野相对集中于资本主义市场经济，把资本主义私有制条件下的市场经济作为立论基础，主要是从维护资本主义私有制的角度出发，侧重于操作层面的研究，具有明显的工具理性色彩。没能从社会发展的内在要求出发探讨基本公共服务问题，对基本公共服务的内在根据缺乏理论上的科学揭示。这无疑为本文留下了进一步研究的空间。

20世纪90年代中后期，随着我国经济的快速增长，改革走向深入，基本公共服务逐渐成为我国研究的热点问题，引起了政府部门、理论工作者和实际工作者的广泛关注，特别是经济学、管理学等学科的学者对基本公共服务问题进行了多角度的研究，形成了一大批理论成果。主要体现在：由中国经济出版社先后出版了一系列由中国改革发展研究院编辑的关于公共服务改革方面的论文集，如《建设公共服务型政府》①《政府转型与社会再分配》②、《基本公共服务均等化：新农村建设之重》③、《聚焦中国公共服务体制》④、《中国公共服务体制：中央与地方》⑤、《基本公共服务与中国人类发展》⑥ 等，还有李军鹏的《公共服务型政府》⑦ 和《公共服务学》⑧、句华的《公共服务中的市场机制》⑨、唐铁汉主编的

---

① 中国（海南）改革发展研究院编：《建设公共服务型政府》，中国经济出版社2004年版。

② 中国（海南）改革发展研究院编：《政府转型与社会再分配》，中国经济出版社2006年版。

③ 中国（海南）改革发展研究院编：《公共服务均等化：新农村建设之重》，中国经济出版社2006年版。

④ 中国（海南）改革发展研究院编：《聚焦中国公共服务体制》，中国经济出版社2006年版。

⑤ 中国（海南）改革发展研究院编：《中国公共服务体制：中央与地方》，中国经济出版社2006年版。

⑥ 中国（海南）改革发展研究院编：《基本公共服务与中国人类发展》，中国经济出版社2008年版。

⑦ 李军鹏著：《公共服务型政府》，北京大学出版社2004年版。

⑧ 李军鹏著：《公共服务学》，国家行政学院出版社2007年版。

⑨ 句华著：《公共服务中的市场机制：理论、方式与技术》，北京大学出版社2006年版。

《公共服务创新》①、陈昌盛等编著的《中国政府公共服务：体制变迁与地区综合评估》② 等。学者们从不同角度，在不同范围内对基本公共服务问题进行了探索性的研究，有的从体制构架进行研究，有的与财政相结合进行论述，有的与政府转型结合进行探究，还有的对基本公共服务提供机制、对基本公共服务国际比较和借鉴的研究。另外，对农村基本公共服务的研究占有一定的比重，对各地提供基本公共服务状况的研究也不少。

中共十六届五中全会通过的《中共中央关于制定国民经济和社会发展第十一个五年规划的建议》和党的十六届六中全会通过的《中共中央关于构建社会主义和谐社会若干重大问题的决定》及十七大报告均已把加强公共服务、推进基本公共服务均等化作为我国社会经济发展、构建和谐社会的一项施政方针。十八大提出要总体实现基本公共服务均等化。基本公共服务均等化问题成为公共服务、基本公共服务研究中的焦点问题，也成为当前我国经济社会发展中的一个重要热点问题。目前关于基本公共服务均等化问题的研究主要涉及五方面内容：一是基本公共服务均等化相关概念的界定问题，二是基本公共服务均等化的必要性及意义；三是基本公共服务均等化的基础理论研究；四是基本公共服务的现状研究；五是实现基本公共服务均等化的手段与途径。

---

① 唐铁汉等主编：《公共服务创新》，国家行政学院出版社 2007 年版。
② 陈昌盛、蔡跃洲编著：《中国政府公共服务：体制变迁与地区综合评估》，中国社会科学出版社 2007 年版。

（一）基本公共服务均等化相关
概念的界定问题

1. 关于公共服务主要有以下认识

一是公共服务与公共产品是相同的概念。张馨等人认为："公共产品论作为一种理论，直接反映的是政府提供公共服务的状况，即它是以公共产品的供应状况为理论分析基点的。"[1] "政府为弥补所有市场失败而提供的服务，都是公共服务，都是提供公共产品的行为。"[2] 江明融也认为，公共产品与公共服务实际上是同一个意思。因为按萨缪尔森的经典表述，公共产品是指"每个人对这种产品的消费，并不能减少任何他人也消费该产品"[3]，其实质是指具有共同消费性质的服务，而不是"产品"本身。

二是公共服务包括公共产品。不管从内涵还是外延上看，公共服务比公共产品都要广泛。李军鹏认为"公共服务基于公平性的考虑，其内涵比公共产品广泛"[4]。陈昌盛、蔡跃洲认为"公共服务通常是指建立在一定社会共识基础上，一国全体公民不论其种族、收入和地位差异如何，都应公平、普遍享有的服务。从范围上看，公共服务不仅包含通常所说的公共产品，而且

---

[1] 张馨等著：《当代财政与财政学主流》，东北财经大学出版社 2000 年版，第 74 页。

[2] 张馨著：《公共财政论纲》，经济科学出版社 1999 年版，第 721 页。

[3] 江明融：《公共服务均等化论略》，《中南财经政法大学学报》2006 年第 3 期。

[4] 李军鹏著：《公共服务学》，国家行政学院出版社 2007 年版，第 3 页。

也包括那些市场供应不求的产品和服务。"① 马庆钰的观点是：公共服务主要指由公法授权的政府和非政府公共组织以及有关工商企业在纯粹公共物品、混合公共物品、以及特殊私人物品的生产和供给中所承担的责任，其范围包括：纯粹公共物品、混合性公共物品、带有生产的弱竞争性和消费的弱选择性的私人物品的生产和供给。②

三是公共服务属于公共物品范畴。公共物品和服务与私人物品和服务是相对应的。按照萨缪尔森给出的定义，纯公共物品是指这样的物品：每个人消费这种物品不会导致他人对该物品消费的减少。公共物品具有两个基本特征：消费的非竞争性与受益的非排他性。安体富认为，这里的公共物品，包含着公共服务的内容，区别只在于，生产领域的公共物品是有形的，而服务领域的公共物品则是无形的。③

另外，赵黎青在《关于公共服务与公共服务型政府的几个基本问题》中指出，公共服务可以有四种含义。它们分别是：国家是公共服务型国家，所以其所作所为都是提供公共服务；政府是公共服务型政府，所以其所作所为都是提供公共服务；与公共产品相对应的公共服务，即根据政府产出的不同形式，将政府产出的服务形式看作是公共服务；公共服务是政府的主要职能之一，即"公共服务"是同"经济调控、市场监管、社会管理"

---

① 陈昌盛、蔡跃洲编著：《中国政府公共服务：体制变迁与地区综合评估》，中国社会科学出版社 2007 年版，第 3 页。

② 马庆钰：《公共服务的几个基本理论问题》，《中共中央党校学报》2005 年第 2 期。

③ 安体富：《公共服务均等化：理论、问题与对策》，《财贸经济》2007 年第 8 期。

这三项政府职能相并列的。① 作为政府职能之一的公共服务，刘尚希认为，"公共服务"是指政府利用公共权力或公共资源，为促进居民基本消费的平等化，通过分担居民消费风险而进行的一系列公共行为。②

可见，研究公共服务的主流路径是从公共产品的研究出发，把公共产品和公共服务联系起来研究的思维特点非常明显，这是一种对公共服务浮于表面化的一般理解。由于公共产品侧重于对物的研究，侧重于从供给的角度研究供给效率问题，这种以公共产品推定公共服务在逻辑上是站不住脚的，其理论研究也很难取得实质性突破。公共服务的内在依据是基于人的社会性产生的共同需要，本文对基本公共服务的考察和建设是建立在马克思主义共同需要思想基础上的。马克思共同需要思想是基于人的社会性产生的具有开放性、互动性、共享性的需要，在人类从个人存续走向社会存续、走向相互联系的过程，共同需要覆盖内容及范围不断深化、变革和演进。公共服务是基于人的社会性，为满足人生存和发展的需要，直接提供的共同社会条件。

2. 基本公共服务的概念及范围

基本公共服务是在公共服务基础上界定的，是和一定经济社会条件相适应的最低标准的公共服务。对于基本公共服务的基本可以用"基础性、广泛性、迫切性、可行性四个标准来界定"。陈昌盛认为，基本公共服务是指建立在一定社会共识基础上，

① 赵黎青：《关于公共服务与公共服务型政府的几个基本问题》，载《政府转型：中国改革的下一步》，中国经济出版社2005年版。
② 刘尚希：《基本公共服务均等化：现实要求和政策路径》，《浙江经济》2007年第13期。

为实现特定公共利益，根据一国经济社会发展阶段和总体水平，为维持本国经济社会的稳定、基本的社会正义和凝聚力，保护个人最基本的生存权和发展权，所必需提供的公共服务，其规定的是一定阶段上公共服务应该覆盖的最小范围和边界。从清单范围看，其应该是公共服务清单中最基础和核心的部分。① 陈海威对基本公共服务的界定是：指一定经济社会条件下，为了保障全体公民最基本的人权，全体公民都应公平、平等、普遍享有的公共服务，是诸多公共服务中具有保障性质和平等色彩的服务类型。② 邱霈恩的观点是：基本公共服务是覆盖全体公民、满足公民对公共资源最低需求的公共服务。③ 而刘尚希则从消费的角度界定基本公共服务：一是从消费需求的层次看，与低层次消费需要有直接关联的即为基本公共服务，层次低的就是基本的，二是从消费需求的同质性看，人们无差异消费需求属于基本公共服务。上述两个条件决定了基本公共服务的外延。但"基本"不是绝对的，它会因时间、地点的变化而变化。④

常修泽认为，现阶段基本公共服务的实现包括四方面内容：在提供就业服务和基本社会保障等"基本民生性服务"方面实现均等化；在义务教育、公共卫生和基本医疗、公共文化等

---

① 陈昌盛：《基本公共服务均等化：中国行动路线图》，《财会研究》2008年第2期。

② 陈海威：《中国基本公共服务体系研究》，《科学社会主义》2007年第3期。

③ 邱霈恩：《加快基本公共服务均等化的步伐》，《人民日报》2007年3月28日。

④ 刘尚希：《基本公共服务均等化：现实要求和政策路径》，《浙江经济》2007年第13期。

"公共事业性服务"方面实现均等化；在公益性基础设施和生态环境保护等"公益基础性服务"方面实现均等化；在生产安全、消费安全、社会安全、国防安全等"公共安全性服务"方面实现均等化。① 陈海威的观点是根据政府提供服务的性质和类型来看，有四大领域可以划在基本公共服务之列：一是底线生存服务，包括就业服务、社会保障、社会福利和社会救助，主要目标是保障公民的生存权；二是公众发展服务，包括义务教育、公共卫生和基本医疗、公共文化体育，主要目标是保障公民的发展权；三是基本环境服务，包括居住服务、公共交通、公共通信、公用设施和环境保护，主要目标是保障公民起码的日常生活和自由；四是基本安全服务，包括公共安全、消费安全和国防安全等领域，主要目标是保障公民的生命财产安全。② 丁元竹认为，应当把我国现阶段的基本公共服务界定在医疗卫生（或者叫公共卫生和基本医疗）、义务教育、社会救济、就业服务和养老保险。而且义务教育、公共卫生和基本医疗、最低生活保障，应当是我们基本公共服务中的"基本"。③

学者们对当前基本公共服务包括的主要内容进行了阐述，指出了当前基本公共服务建设的范围，但对基本公共服务内涵界定不够清晰，这又直接影响现阶段我国基本公共服务的合理范围的确定。从马克思共同需要出发，本文对基本公共服务的界定是：

---

① 常修泽：《逐步实现基本公共服务均等化》，《人民日报》2007年1月31日。

② 陈海威：《中国基本公共服务体系研究》，《科学社会主义》2007年第3期。

③ 丁元竹：《基本公共服务如何均等化》，《瞭望新闻周刊》2007年第22期。

在从农业社会向工业社会、信息社会转变的日益开放、互动的社会中，为满足社会成员生存和发展的需要而提供的基本社会服务。主要包括义务教育、公共卫生、社会保障、基础设施等领域。本文考察的基本公共服务并未包括国防、外交、司法、公共治安、环境保护等公共服务项目。尽管在从农业社会向工业社会、信息社会转变的过程中，这些社会服务对人的生存与发展同样必不可少，但从目前来看，基本不属于我国发展过程中亟待解决的重要"瓶颈"。

3. 基本公共服务均等化的内涵

几乎所有学者都认为，基本公共服务均等化并不是强调所有国人都享有完全一致的基本公共服务。但对均等化的具体理解却有不同。

第一种理解是：均等化是强调保底，有均等的机会和基本的权利。贾康认为"这个均等化我理解就是要托一个底，是政府应该提供的诸如普及义务教育、实施社会救济与基本社会保障这类东西，对其应该保证的最低限度的公共供给，必须由政府托起来。"① 楼继伟的观点是"一个国家的公民无论居住在哪个地区，都有平等享受国家最低标准的基本公共服务的权利。"② 陈昌盛认为：在承认地区、城乡、人群存在差别的前提下，保障所有国民都享有一定标准之上的基本公共服务，其

① 贾康：《分配问题上的政府责任与政策理性》，《经济与管理研究》2007年第2期。
② 刘明中：《推进基本公共服务均等化的重要手段（上）——财政部副部长楼继伟答本报记者问》，《中国财经报》2006年2月7日。

实质是强调"底线均等"。① 夏锋认为，基本公共服务均等化本质内涵是指在基本公共服务方面有全国统一的制度安排。② 常修泽③和安体富④分别强调了全体公民享有基本公共服务的机会应该均等。

第二种意见是：政府提供的基本公共服务，应达到中等的平均水平。"要逐步使全体公民在基本公共服务方面的权利得到基本实现和维护，特别是使困难群众和困难地区尽快享受到社会平均水平的基本公共服务，其实质是政府为全体社会成员提供基本而又有保障的公共产品和公共服务。"⑤

第三种观点是：均等化是结果的均等。常修泽认为均等化是全体公民享有基本公共服务的结果应该大体相等或相对均等。社会在提供大体均等的基本公共服务的过程中，应尊重社会成员的自由选择权。⑥ 安体富认为居民享受公共服务的结果均等，在数量和质量上都应大体相等，这是均等化的一个重要内容，相比之下，结果均等更重要。基本公共服务均等化的终极目标是应当使

---

① 陈昌盛：《基本公共服务均等化：中国行动路线图》，《财会研究》2008年第2期。

② 夏锋：《为和谐社会夯实基本公共服务均等化基础》，《上海证券报》2007年10月22日。

③ 常修泽：《逐步实现基本公共服务均等化》，《人民日报》2007年1月31日。

④ 安体福：《公共服务均等化：理论、问题与对策》，《财贸经济》2007年第8期。

⑤ 邱霈恩：《加快基本公共服务均等化的步伐》，《人民日报》2007年3月28日。

⑥ 常修泽：《逐步实现基本公共服务均等化》，《人民日报》2007年1月31日。

人与人之间享受到基本公共服务的均等化。①

财政部财政科学研究所贾康研究员认为，成熟的公共服务均等状态，表现为不同区域之间、城乡之间、居民个人之间享受的基本公共服务水平一致。然而，从起始到成熟，基本公共服务均等化要经历不同的阶段。每个阶段的重点、目标及表现是不同的。初级阶段的目标可能更侧重于区域公共服务均等化，主要表现为区域内、区域间的公共服务水平的差距明显缩小；中级阶段的目标会更多地侧重于城乡公共服务均等化，主要表现为不仅在区域内，而且在各区域城乡之间的公共服务水平的接近；高级阶段的目标则要实现全民公共服务均等化，主要表现为区域之间、城乡之间、居民个人之间的公共服务基本形成均等状态。②

刘琼莲在分析基本公共服务均等化理论基础的前提下，提出基本公共服务均等化的实质在于政府发挥保障全体社会成员的基本权利的职能，通过深化各方面的改革，建立与完善各领域内的制度体系建设，提高政府的制度化程度，在这些制度中，以具有普遍可接受性或可容忍性的基本公共服务结果和机会均等来限制社会的不平等，使社会的权利与义务的分配尽可能地达到公正与合理。③

由此可见，尽管基本公共服务均等化已经成为当前的热点问题，但我国理论界并未就此达成统一的认识，也未对基本公共服

---

① 安体福：《公共服务均等化：理论、问题与对策》，《财贸经济》2007年第8期。

② 贾康：《公共服务的均等化应积极推进，但不能急于求成》，《审计与理财》2007年第8期。

③ 刘琼莲：《论基本公共服务均等化的实质》，《教学与研究》2009年第6期。

务均等化给出一个准确的定义，从而需要在了解分析现有观点的基础上，结合我国具体国情，多角度的研究基本公共服务的均等化建设。实际上，从马克思共同需要思想出发，可以看出，以上学者对基本公共服务均等化的理解具有统一性：即政府承担满足共同需要的责任，通过制度安排保底；随着社会生产力的发展，人们享有基本公共服务的水平是不断提高的。而在满足人们基本公共服务需要的过程中，一是把马克思主义共同需要思想和我国当前的现实结合起来明确基本公共服务建设的价值取向和原则，二是基于从农业社会向工业社会、信息社会转变的要求，针对满足共同需要的几个主要基本公共服务领域提出各有侧重的解决对策。

（二）实行基本公共服务均等化的
必要性及意义

1. 基本公共服务均等化的社会政治意义

首先，基本公共服务均等化对于缩小地区、城乡差距，实现社会公正发展、维护社会稳定具有重要的意义。财政部副部长楼继伟认为，均等化作为缓解因发展不平衡所引发的地区间矛盾、实现地区间和谐均衡发展的重要途径，体现的是一种公平正义的发展理念。一个国家的公民无论居住在哪个地区，都有平等享受国家最低标准的基本公共服务的权利。① 迟福林也认为实行基本

---

① 刘明中：《推进基本公共服务均等化的重要手段（上）——财政部副部长楼继伟答本报记者问》，《中国财经报》2006年2月7日。

公共服务均等化既是缩小地区差距、城乡差距的基本条件和重大举措，也是减缓贫富差距的重要因素。① 项中新认为，如果一国中央长期不帮助落后地区改善经济与公共服务状况，一方面会使落后地区产生离心倾向，另一方面也会强化发达地区的利益刚性心理，从而加大利益调整难度，而实现公共服务均等化则有利于社会平等意识的形成与社会平等的实现，促进经济与社会健康发展。②

其次，在社会转型条件下，基本公共服务均等化对满足人的发展需要具有重要意义。中国（海南）改革发展研究院执行院长迟福林认为，我国正处在由生存型社会向发展型社会转变的关键时期，全社会公共需求全面快速增长同公共服务不到位、公共产品短缺的矛盾比较突出。尤其是随着农村公共需求的全面释放，义务教育、公共医疗、最低保障等基本公共产品的供给，已经成为广大农民现实和迫切的期盼。为适应这个现实需求，各级政府要为全体社会成员提供基本而有保障的公共产品和公共服务，以尽快实现基本公共服务均等化的目标。③ 常修泽认为，坚持以人为本，就是坚持发展为了人民、发展依靠人民、发展成果由人民共享，就要既满足个体人民的物质生活需要，也满足其精神生活需要、生命健康需要、安全需要以及参与政治生活和社会生活的需要。为了达到这一目标，就必须实行基本公共

---

① 迟福林：《公共服务均等化：构建新型中央与地方关系》，《廉政瞭望》2006 年第 12 期。

② 项中新著：《均等化：基础、理念与制度安排》，中国经济出版社 2000 年版，第 62—64 页。

③ 中国（海南）改革发展研究院编：《基本公共服务均等化：新农村建设之重》，中国经济出版社 2007 年版，第 9 页。

服务均等化。[①] 贾康认为，基本公共服务均等化可以构建更为合理的利益均衡机制来引导社会中各利益群体、经济主体的行为方式，适当优化社会分配关系和社会成员之间的物质利益关系，改进社会总体的生存状态与福利水平。[②] 肖海鹏也认为，当前人民群众公共服务需求不断增长与公共服务供给严重不足在全面建设小康社会阶段已经成为制约社会协调发展的突出矛盾，逐步实现基本公共服务均等化有利于实现社会公平，促进经济与社会的协调发展。[③]

2. 基本公共服务均等化的经济意义

第一，基本公共服务均等化有利于提高资源的配置效率。楼继伟[④]、项中新[⑤]、张恒龙[⑥]等认为，根据边际效用递减规律，向财力不足的地区转移财力，用以增加公共品的供给，所产生的效用要大于投向财力充沛的地区，会出现帕累托改进，有利于增进社会福利，从而提高有限财政资源的使用效率。

第二，基本公共服务均等化有助于社会主义市场经济的健康发展。楼继伟认为，基本公共服务均等化的实现使得生产要素和

---

① 常修泽：《公共服务均等化需要体制支撑》，《瞭望》2007 年第 2 期。

② 张玉玲：《从和谐视角看公共服务均等化—访贾康》，《光明日报》2006 年 11 月 23 日。

③ 肖海鹏：《积极推进基本公共服务均等化》，《南方日报》2006 年 12 月 21 日。

④ 刘明中：《推进基本公共服务均等化的重要手段（上）——财政部副部长楼继伟答本报记者问》，《中国财经报》2006 年 2 月 7 日。

⑤ 项中新著：《均等化：基础、理念与制度安排》，中国经济出版社 2000 年版，第 65—66 页。

⑥ 张恒龙：《政府间转移支付对地方财政努力程度财政均等化的影响》，《经济科学》2007 年第 1 期。

产业能够在利益的引导下，按照市场规律在地区间流动，优化资源配置，促进经济与社会以及城乡之间、地区之间协调发展。[①] 江明融认为，市场经济的平等原则要求政府为市场提供的服务必须是"一视同仁"的。可见，公共服务均等化有利于统一市场的形成。[②]

第三，基本公共服务均等化有利于刺激国内消费需求。相对于旺盛的投资需求和出口需求，内需不足一直是我国经济发展的软肋。丁元竹认为，目前我国内需不足的实质问题是政府或社会在公共医疗、教育、社会保障等社会基本公共服务方面供给不足，特别是在农村和其他相对落后地区的供给缺失，对消费的抑制更为明显。所以，实现公共服务的均等化，使基本公共服务尽快覆盖到全体居民，有利于刺激消费需求，促进经济健康发展。[③]

现有对基本公共服务均等化必要性和重要性的理解，多从缩小城乡和地区差距、缓解贫富差距为出发点，并论及到其对社会主义市场经济建设的重要意义，而较少去认真考察其背后深层次的制度原因。

（三）关于"基本公共服务均等化"的理论基础研究

中国财政学会"公共服务均等化问题研究"课题组的研究

---

① 刘明中：《推进基本公共服务均等化的重要手段（上）——财政部副部长楼继伟答本报记者问》，《中国财经报》2006 年 2 月 7 日。

② 江明融：《公共服务均等化论略》，《中南财经政法大学学报》2006 年第 3 期。

③ 丁元竹：《扩大内需的结构和体制约束因素：社会基本公共服务供给不足》，《清华公共评论》2006 年第 4 期。

和李军鹏在《公共服务学》中的论述都提到公共服务的理论问题，前者认为，在德国新历史学派及英国费边社会主义、新自由主义、福利经济学、凯恩斯经济学、新剑桥学派等诸多西方经济学流派的理论主张中，都留存着"公共服务均等化"的思想印迹，但这些思想比较模糊，还没有形成确定的概念，相比之下，福利经济学和新剑桥学派的主张较为鲜明。[①] 后者认为，新历史学派、社会改良主义和法国公学派的公共服务理论是创立期的公共服务理论；福利经济学、凯恩斯主义、福利国家、瑞典学派与福利社会主义的公共服务理论和公共产品理论是发展与成熟期的公共服务理论；反思和改革期的公共服务理论反映在新自由主义、新公共管理、新公共服务理论、治理理论、"第三条道路"、新增长理论的公共服务理论中。[②]

安体富[③]和于树—[④]等着重从福利经济学的角度探讨了基本公共服务均等化的理论基础，他们认为，庇古的两个基本命题（第一，国民收入总量越大，社会经济福利就越大；第二，国民收入分配越是均等化，社会经济福利也就越大。）对公共服务均等化起到了基础性的影响，由于公共服务是由国民收入形成，公共服务的分配能对国民收入的分配起到重要作用，能够增进社会福利，促进社会福利最大化。所以，政府应当通过公共服务均等

---

① 中国财政学会"公共服务均等化问题研究"课题组：《公共服务均等化问题研究》，《经济研究参考》2007 年第 58 期。

② 李军鹏著：《公共服务学》，国家行政学院出版社 2007 年版，第 25 页。

③ 安体富、任强：《公共服务均等化：理论、问题与对策》，《财贸经济》2007 年第 8 期。

④ 于树一：《公共服务均等化的理论基础探析》，《财政研究》2007 年第 7 期。

化实现全社会福利最大化。

陈昌盛①、龚金宝②从马斯洛的需求层次理论出发（从个体角度看，人类需求可以分为生理需求、安全需求、社交的需求、尊重的需求、自我实现的需求五个层次），分析了公共服务均等化的实现顺序和范围。

陈海威③认为建立基本公共服务均等化原则必须有正义理论依据。并根据罗尔斯基于公平的正义理论提出基本公共服务均等化的三大原则：一是受益均等原则，根据罗尔斯第一正义原则（平等自由原则），每一成员享受大致相等的基本公共服务；二是主体广泛原则，根据罗尔斯第二正义原则（机会均等原则），全体社会成员在某种服务上具有大致均等的机会；三是优惠合理原则，根据罗尔斯第二正义原则（差别原则），享受额外的照顾和优惠必须有合理合法的理由和程序。从当前探讨公共服务、公共财政理论问题看，罗尔斯提出的社会正义理论已经在经济学领域引起广泛影响，尤其是其中的分配正义。

从整体上来说，对基本公共服务的基础理论研究较少，无疑将使基本公共服务均等化问题的研究缺少理论支持。而在理论研究中偏重对西方基本公共服务理论基础的研究，忽视对社会主义基本公共服务理论基础的研究。如果只对西方公共产品和公共服务理论进行研究，容易给人造成一种错觉，即把它当成指导中国

---

① 陈昌盛：《基本公共服务均等化：中国行动路线图》，《财会研究》2008年第 2 期。

② 龚金宝：《需求层次理论与公共服务均等化的实现顺序》，《财政研究》2007 年第 10 期。

③ 陈海威：《我国基本公共服务均等化问题探讨》，《中州学刊》2007 年第 3 期。

基本公共服务改革的理论基础和指导思想。对西方基本公共服务理论和制度进行介绍无疑是可取的，因为西方基本公共服务操作层面上的方法和经验是可以借鉴的，但不能把西方基本公共服务理论当成我国基本公共服务的指导思想。我国的基本公共服务制度是在社会主义条件下同社会主义基本制度相结合的一种社会共同需要制度。对马克思共同需要思想进行系统化、理论化地研究，对中国共产党为满足共同需要进行的几十年基本公共服务的实践探索进行系统地整理和研究，这是我国当前基本公共服务建设的理论基础。并且，当前基本公共服务研究中存在淡化公共服务阶级性的倾向，西方基本公共服务制度的建立是以资本主义财产私有制为存在基础并与之相伴而生的，本质上是一种关于资本主义基本公共服务的理论，显然不能照搬过来指导社会主义基本公共服务的实践。为此需要我们区分基本公共服务的一般本质和特殊实现形式。关于反映基本公共服务一般经济规律及其建立的理论，对指导社会主义基本公共服务的发展是适用的，西方基本公共服务供给的技术和管理层面的经验需要借鉴，但也要从中国的具体国情和社会主义基本制度特征进行分析和研究。

（四）基本公共服务非均等化的现状评估及制度因素分析

1. 城乡基本公共服务供给不均等现状

城乡差距不仅表现在经济发展水平和居民收入上，更多地反映在政府提供的公共医疗、义务教育、最低保障等基本公共服务上，而且公共服务供给的不均等又进一步加剧了城乡差距。王雍君用城乡人均享有的医疗卫生资源（包括医生、护士及医疗设施及设备等）之比、城乡小学生均财政支出之比、城乡居民人均可支配收入之比的比较得出：城乡间公共服务的差距比城乡经济差距更大。① 解垩指出，城乡公共服务的巨大差异，既体现在农村基础教育的资金投入方面，也体现在现有卫生资源在城乡之间差距悬殊的分布方面，而社会保障的城乡差距最为明显。② 包兴荣认为，当前的城乡差距集中表现在城乡基础设施和公共服务上的差距，而城乡公共服务的差距又突出表现在农村公共教育、公共医疗和社会保障等社会性公共服务产品供给水平远落后于城镇。③

2. 地区之间基本公共服务供给的非均等化

不同学者用不同的评价指标，或对公共服务整体，或对某些类别公共服务的区域不均等问题进行了大量研究，并得出了大体一致的结论，即公共服务在地区间存在较明显的不均等现象。胡鞍钢等曾经使用地区差异系数分析了中国各地区人口、教育、科技、文化、卫生、环境保护、基础设施建设、人类发展指标的差距，直观地揭示了各地区在社会发展方面的差距。④ 因直接度量公共服务均等化的难度较大，多数财政学学者用财政均等化来间接衡量公共服务的均等化程度。刘溶沧等用 1988 年至 1999 年各

---

① 王雍君：《中国的财政均等化与转移支付体制改革》，《中央财经大学学报》2006 年第 9 期。

② 解垩：《转移支付与公共品均等化分析》，《吉林财税高等专科学校学报》2007 年第 1 期。

③ 包兴荣：《社会公正话语下的城乡公共服务统筹刍议》，《四川行政学院学报》2006 年第 3 期。

④ 胡鞍钢、邹平著：《社会与发展》，浙江人民出版社 2000 年版，第 38—134 页。

省本级人均财政收支和省人均总财政收支的最大和最小值之比及变异系数得出，人均财政收入和人均财政总收入的地区差距都比较明显，且在分税制改革以后，前者呈现扩大趋势，后者呈现不明显的缩小趋势；人均财政支出和人均财政总支出的地区差距，虽然比财政收入指标要小，但也比较明显，并且在分税制改革以后都呈现扩大趋势。[1] 张恒龙等通过 1994 年至 2004 年人均财政支出方差系数（基本在 0.7 以上）、人均财政收入方差系数（基本在 0.6 以上）及其对比情况得出，公共服务（或财政）领域的不均等程度超过了经济领域的不均等。[2] 也有比较多的学者直接用公共服务的投入、产出及效果水平的地区差异来度量公共服务的均等化程度。

3. 基本公共服务发展状况的评估

在科学发展观的指导下，"十一五"规划首次确定了实现基本公共服务均等化的目标。在转变发展观念、提高发展质量的理念下，基本公共服务由非均等向均等发展有个过程，如何评价公共服务的发展状况，胡鞍钢等在考虑"十二五"规划规定的基本公共服务九大重点领域的基础上，从基本公共服务水平、基本公共服务进步、基本公共服务差异三个维度构建了评估框架，在此基础上，对"十一五"时期基本公共服务水平进行了评估分析。[3]

---

[1] 刘溶沧、焦国华：《地区间财政能力差异与转移支付制度创新》，《财贸经济》2002 年第 1 期。

[2] 张恒龙、陈宪：《政府间转移支付对地方财政努力程度财政均等化的影响》，《经济科学》2007 年第 1 期。

[3] 胡鞍钢、王洪川、周绍杰：《国家"十一五"时期公共服务发展评估》，《中国行政管理》2013 年第 4 期。

4. 公共服务非均等化的制度因素分析

在指出公共服务不均等的基础之上，学者们进一步分析了导致公共服务不均等的各种原因。公共服务非均等是有其深刻的制度根源与路径依赖性的，特别是制度方面的原因，包括公共服务的不均衡供给制度和不健全的公共财政制度。刘乐山、何炼成分别就改革开放前、后两个阶段对我国城乡公共服务供给差异进行了分析，认为造成城乡公共服务供给差异的主要原因是我国政府在公共服务供给方面采取了整体上长期偏向城市的政策。[①] 江明融认为，城乡公共服务非均等化主要是由长期实行城市偏向型的公共服务供给制度造成的。[②] 刘颂运用政治经济学理论框架分析我国城乡义务教育不均衡发展的原因，认为我国城乡义务教育发展不均衡与政府财政体制现存的问题密切相关，是社会结构转型中制度转型有效支持不足所累积的矛盾在教育领域的反映。[③] 郭琪认为，中国地区间公共服务非均等化的主要原因在于地区间经济发展水平和自身财政能力的差距。并且国内许多学者从我国转移支付的均等化效应角度分析了公共服务（财政）不均等的原因，指出公共服务的非均等化在很大程度上与现行转移支付的均等化效果不明显有关。[④] 肖红缨、刘建平分析了公共服务供给种类的不均衡。他们认为，公共服务从形态上讲可分为物质形态公

① 刘乐山、何炼成：《公共产品供给的差异：城乡居民收入差距扩大的一个原因解释》，《人文杂志》2005年第1期。
② 江明融：《公共服务均等化论略》，《中南财经政法大学学报》2006年第3期。
③ 刘颂：《城乡义务教育不均衡发展的政治经济学分析》，《云南财贸学院学报》2000年第6期。
④ 郭琪：《实现地区间公共服务均等化的途径—浅析中国政府间均等化转移支付》，《当代经理人（下旬刊)》2006年第3期。

共服务和非物质形态公共服务两个种类。物质形态公共服务普遍
受人重视，但非物质形态公共服务如国防服务、政策、法制、道
德观、价值观、公平正义等看不见、摸不着的"软性"即观念
形态公共服务也是社会生存和发展的基本条件，但由于人们对其
认识不清、重视不够，导致这类公共服务供给不足。[①]

　　有必要认真考察我国基本公共服务不均等的制度成因，找到
问题的症结所在，才能真正解决问题。而当前对基本公共服务存
在的问题及造成这些问题的原因缺乏系统深入的分析，实际上，
当前我国基本公共服务建设的背景是社会转型、经济欠发达和体
制转轨，我国基本公共服务建设中存在的问题是经济、社会和政
治等诸多因素共同作用下形成的，其建设相应也面临诸多的约束
条件。

（五）实现公共服务均等化的
制度安排及路径选择

　　1. 完善公共财政制度。学者们提出从调整财政支出结构，
合理规范中央与地方的财权与事权、规范财政转移支付制度、完
善省以下财政管理体制等方面促进基本公共服务的均等化。常修
泽认为，目前的财政体制要从以经济建设为主的全能型财政制度
向公共财政体制转变，财政支出结构要进行重大调整，财政支出
要退出长期处于"与民争利"状态的竞争性项目，加大对目前

---

　　① 肖红缨、刘建平：《我国公共产品供给瓶颈问题》，《求索》2004年第
6期。

比较薄弱的基本公共服务领域的投入。按照上述基本公共服务均等化所论述的内容，当前尤其要确保新增财力投向就业再就业服务、基本社会保障、义务教育、公共卫生和基本医疗、公共文化、公益性基础设施、生态环境保护、公共安全等方面。① 金人庆指出，由于目前中央和地方财力与支出责任不对称，权责不清，直接影响了政府公共服务的效率。因此，要依法规范中央和地方的职能和权限，科学界定各级政府的基本公共服务支出责任；要按照财力和事权相匹配的原则，适当调整和规范中央和地方的收入划分。② 安体富认为，应当试行纵向转移与横向转移相结合的模式，即在目前以中央财政对地方的纵向转移为主的同时，试行东部发达省区支援中西部不发达地区的横向转移。完善转移支付形式，第一，取消税收返还和体制补助；第二，调整财力性转移支付；第三，科学界定专项转移支付标准，控制准入条件和规模。以增强基层财政保障能力为重点，推进县乡财政管理体制改革。县乡财政是国家财政的重要组成部分，按照十六届六中全会精神的要求，应"着力解决县乡财政困难，增强基层政府提供公共服务的能力。"为此，今后一个时期，一是要完善财政奖励和补助政策，切实缓解县乡财政困难；二是要按照基本公共服务均等化的要求，进一步完善省以下财政管理体制；三是要推进乡镇政府和乡镇事业单位改革。③

① 常修泽：《中国现阶段基本公共服务均等化研究》，《中共天津市委党校学报》2007年第2期。

② 金人庆：《完善促进基本公共服务均等化的公共财政制度》，《中国财政》2006年第11期。

③ 安体富：《公共服务均等化：理论、问题与对策》，《财贸经济》2007年第8期。

2. 建设服务型政府，强化政府公共服务职能。公共服务均等化的关键在于推动政府由经济建设型政府向公共服务型政府转变，强化政府在公共产品供给中的主体地位和主导作用。肖海鹏①、常修泽②、宋迎法③等认为要实现公共服务均等化，就要积极推动政府职能转型，加快建设公共服务型政府。常修泽认为建立公共服务考核体系、改革审批制度、推进政府机构改革及与政府机构紧密相关的社会事业单位的改革是建设服务型政府的关键。迟福林提出，加快推进公共服务型建设应建立以公共服务为导向的干部政绩考核制度和中央政府对地方政府的问责制。④

3. 积极妥善推进公共服务主体的多元化和公共服务方式的市场化。我国政府要从经济建设型向公共服务型转变，但是，这并不意味着政府要包揽公共服务的全部事务，在强调政府主导作用的同时，必须提倡基本公共服务的多元参与。丁元竹⑤、唐铁汉⑥认为，要强调政府在基本公共服务供给中主导作用的同时，除了直接生产和供给，政府还可以成为公共服务的促进者、指导者和合作者，在一些公共领域引入私人生产，政府则作为供

---

① 肖海鹏：《积极推进基本公共服务均等化》，《南方日报》2006 年 12 月 21 日。

② 常修泽：《公共服务均等化亟须体制支撑》，《瞭望》2007 年第 7 期。

③ 宋迎法：《论构建全民均等享有的基本公共服务体系》，《中共南京市委党校南京市行政学院学报》2007 年第 2 期。

④ 迟福林：《以基本公共服务均等化为重点的中央地方关系》，《中国经济时报》2006 年 12 月 4 日。

⑤ 丁元竹：《促进我国基本公共服务均等化的对策》，《宏观经济管理》2008 年第 3 期。

⑥ 唐铁汉：《建设服务型政府与基本公共服务均等化》，《国家行政学院学报》2008 年第 2 期。

给的主导者和最终责任人对基本公共服务的直接生产者进行付费、协调和监督；可以制定相关政策，鼓励和吸引各类慈善组织、基金会等民间组织和民间闲散资金以多种方式参与或提供基本公共服务，从而建立政府主导、社会参与、协调合作、高效灵活的多元化的公共服务供给机制。多元化的供给体系体现了政府、市场和非营利部门之间的互动，促进了供给各方的竞争和合作。① 也有专家提醒，基本公共服务多元化供给与基本公共服务过度的市场化必须严格加以区分，吸取改革前期过度市场化的教训。

4. 健全公共服务社会管理政策体系，创新公共服务和社会管理方式，逐步形成惠及全民的基本公共服务体系。吕炜的观点是设计一套科学合理的效益评价与考核指标体系、确保各级政府和人民群众的知情权。② 唐铁汉认为通过加强对公共服务的监管和绩效评估、推行公共服务问责制、加强公务员队伍建设，不断提高政府公共服务质量与水平。③ 迟福林围绕公务员队伍建设提出增加基本公共服务在干部政绩考核体系中的权重，把群众满意度作为干部政绩考核的重要因素，实现公共服务信息透明化。④

---

① 赵怡虹、李峰：《基本公共服务地区间均等化：基于政府主导的多元政策协调》，《经济学家》2009 年第 5 期。
② 吕炜、王伟同：《我国基本公共服务提供均等化问题研究：基于公共需求与政府能力视角的分析》，《经济研究参考》2008 年第 34 期。
③ 唐铁汉：《建设服务型政府与基本公共服务均等化》，《国家行政学院学报》2008 年第 2 期。
④ 迟福林：《理顺关系　力促基本公共服务均等化》，《中国改革报》2007 年 2 月 8 日。

5. 建立城乡统一的公共服务体制。常修泽[①]、刘国军[②]等学者认为，城乡居民基本公共服务严重失衡的主要原因在于城乡二元公共服务结构，积极推进城乡基本公共服务均等化，要尽快消除实现城乡公共服务均等化的体制和制度障碍。首先必须打破城乡分割的二元公共服务结构，尽快建立城乡统一的公共服务体制，为此，政府应把社会事业和基础设施发展的重点转向农村，通过基础设施建设，改善农民的生产生活条件和农村面貌，逐步建立城乡统一的义务教育体制、协调城乡公共医疗卫生事业的发展、逐步建立城乡可衔接的农村社会保障体系；统筹城乡劳动力就业，促进农村剩余劳动力转移，解决广大农民和进城农民工的"国民待遇"。

6. 构建基本公共服务均等化的标准。基本公共服务均等化标准体系的构建是促进基本公共服务均等化的关键技术环节，它不仅对均等化水平提供参考标准和依据，还将加快中国基本公共服务均等化和"实现民富"、"共享发展"的进程。根据基本公共服务的特性、经济社会发展水平和公共服务的状况以及我国政府的财力状况，我国基本公共服务均等化标准主要应该有相同相等、缩小差距、扩大覆盖、均衡分布、优质资源共享五个标准。[③] 在实践层面上，城乡基本公共服务均等化的标准是一个由低到高、不断发展着的结构体系，至少应包括"底线

---

① 常修泽：《公共服务均等化亟须体制支撑》，《瞭望》2007 年第 7 期。
② 刘国军：《完善农村基本公共服务均等化的制度保障》，《党政论坛》2008 年第 3 期。
③ 蔡秀云：《社会基本公共服务均等化标准探析》，《经济研究参考》2011 年第 22 期。

标准"、"发展标准"和"自由均等标准"三个层次。①

　　综上所述，实现基本公共服务均等化的政策措施的制定方面的研究有了一定的进展。但大多数学者都是将完善财政转移支付制度作为实现基本公共服务均等化的政策目标进行笼统论述。当然，财政制度是实现均等化的手段和途径，是基本公共服务建设的重要环节。西方国家基本公共服务是在西方国家经济社会发展的基础上逐步发展起来的，其基本公共服务建设中主要存在区域差异，基本公共服务建设可以局限在政府间财政关系领域内来解决。而我国基本公共服务均等化的问题不只是财政的转移支付，我国基本公共服务建设的背景、所要达到的目标及具体政策安排均不同于西方发达国家，基本公共服务均等化面临很多的约束条件，需要解决很多的问题，其建设路径更趋多元化。所以，根据目前经济和社会发展的现实，需要在深入分析基本公共服务理论体系的基础上，进行基本公共服务整体推进策略的研究。

---

　　① 夏志强、罗旭、张相：《构建城乡基本公共服务均等化的标准体系》，《新视野》2013 年第 3 期。

第一章　马克思主义共同需要
思想的主要内容

　　基本公共服务是社会主义建设的基本问题，也是当前落实科学发展观、构建社会主义和谐社会面临的重大课题。梳理和分析马克思主义理论体系中的共同需要思想不仅是一个基础理论问题，而且对基本公共服务建设是具有重要的现实意义。

一、马克思恩格斯的共同需要思想

　　马克思的理论是一个庞大、完整而又严密的体系，而这个体系的各个组成部分具有内在的逻辑一致性。马克思恩格斯虽然没有直接论述社会共同需要的文献，但是在他们的很多著作中都论述了有关社会共同需要的一些问题，形成了马克思的共同需要思想，这其中包含着许多对我国社会主义基本公共服务建设具有重要指导意义的内容。认真研究、系统总结马克思恩格斯有关共同需要问题的论述，对推动马克思主义发展，推进我国社会主义基本公共服务建设具有重大的理论意义和现实意义。

（一）共同需要思想的方法论基础

共同需要思想是历史唯物主义的深刻命题。历史唯物主义是马克思主义整个理论体系的基础，正是从历史唯物主义出发，才能科学看待共同需要问题。首先，满足共同需要是推动人类社会发展的需要。人类社会是一个历史发展的过程，物质资料的生产是人类社会发展变化的基本前提。恩格斯说："一切社会变迁和政治变革的终极原因，不应当到人们的头脑中，到人们对永恒的真理和正义的日益增进的认识中去寻找，而应当到生产方式和交换方式的变更中去寻找；不应当到有关时代的哲学中去寻找，而应当到有关时代的经济中去寻找……用来消除已经发现的弊病的手段，也必然以或多或少发展了的形式存在于已经发生变化的生产关系本身中。这些手段不应当从头脑中发明出来，而应当通过头脑从生产的现成物质事实中发现出来。"[①] 社会生产力的发展是人类社会发展的最基本动力，而根据这样一种对社会发展规律的理解，真正推动社会发展的主体，是在社会生产力发展中起主要作用的广大人民群众。因此，要推动人类社会发展，实现人民群众的利益，就必须高度关注人民的共同需要。同时人类社会生产力的发展也是满足共同需要的前提条件，生产关系则是满足共同需要的现实条件。从现实的生产力与生产关系矛盾运动出发去理解社会共同需要问题，马克思恩格斯不仅揭示了资本主义社会的内在矛盾，即不是以满足人和社会的存在和发展的共同需要出

---

① 《马克思恩格斯选集》第3卷，人民出版社1995年版，第617—618页。

发，而是以满足资本的需要为目的，并在此基础上指明了资本主义的发展趋势，同时阐明了无产阶级以满足人和社会存在及发展为目的的社会主义革命取得胜利的必然性。

共同需要思想是辩证唯物主义的重要命题。社会发展中存在生产力与生产关系、经济基础与上层建筑、自然与社会等多个矛盾，而在这多个矛盾中，生产力、制度、文化等都是手段，人的发展需要才是社会存在、发展的真正目的。关注人的发展和满足人的共同需要，就是抓住了社会的主要矛盾，从而有利于其他次要矛盾的解决、促进事物的顺利发展。而满足共同需要的合理决策是在正确分析人民群众的历史地位、现实条件、发展需求的基础上做出的。因此，要把握当前社会经济形态中的共同需要问题，就必须一方面深刻理解和把握原有社会形态共同需要问题，另一方面还要分析和预见到未来共同需要的发展趋向。也只有这样，才能真正全面地认识当前共同需要的实质。马克思恩格斯是从历史发展的必然趋势这一角度来看待共同需要的，其研究维度包括现实资本主义社会和未来共产主义社会两个方面。他们在分析资本主义共同需要时，既批判了资本主义社会的共同需要，又强调了社会化大生产对共同需要的影响。与社会化大生产相联系的社会主义社会承接了资本主义共同需要的内容，但共同需要的本质发生了实质性的变化。而共产主义共同需要又是对社会主义共同需要的历史性的批判继承，在共产主义社会里，将真正满足人与社会存在和发展的共同需要。总之，在马克思看来，要理解共同需要的实质，就必须从历史的合理性角度来看待。从历史的合理性这一角度本身来看，共同需要的具体标准是随社会经济关系变化而变化的，没有永恒不变的共同需要。

（二）共同需要思想的内涵

社会总产品从价值形态看，由 c+v+m 三个部分组成，其中 c 在劳动过程中只发生价值转移，v+m 是劳动创造的新价值。"任何社会生产中，总是能够区分出劳动的两个部分，一个部分的产品直接由生产者及家属用于个人的消费，另一部分即始终是剩余劳动的那个部分的产品。总是用来满足一般的社会需要，而不问这种剩余产品怎样分配，也不问谁执行这种社会需要的代表的职能。"[①] v 是用于满足个人需要的，在资本主义条件下，雇佣工人以劳动力价值形式获取工资满足个人和家庭的需要。在社会主义社会，个人需要是以按劳分配的形式获得个人收入实现的。m 是满足社会共同需要的，资本家从资本增殖的角度出发对剩余价值进行分配；社会主义公有制下 m 的分配是以人和社会存在和发展为指向，在满足共同生产需要和满足共同消费需要之间进行分配。即使在前资本主义社会，满足个人需要和共同需要的两部分划分也是比较明确的，"罗马尼亚各洲……原始的生产方式是建立在公社所有制的基础上的，但这种公社所有制不同于斯拉夫的形式和印度的形式，一部分土地是私田，由公社成员各自耕种，另一部分是公田，由公社成员共同耕种。这种共同劳动的产品，一部分作为保险金用于防灾备荒和应付其他的意外情况，一部分作为公共储备用于……公共开支。"[②]

---

①　《资本论》第 3 卷，人民出版社 2004 年版，第 993—994 页。
②　转引自齐守印著：《中国公共经济体制改革与公共经济学论纲》，人民出版社 2002 年版，第 283 页。

　　人类社会生活为什么必然要包括个人需要和社会共同需要两大组成部分呢？显然是有更为根本的范畴在制约着它。这一范畴就是人自身的属性，即人的本质。马克思认为，人的本质包括两个方面：一方面，人具有社会性，并且随着现代科学的进步和技术的发展，人类社会发展的整体化趋势加强，作为社会的人的共同需要不断增加，共同需要根源于人的社会属性。另一方面，在强调人的社会性的同时并不否认人又是可以作为个体而存在的。作为个体的人就要满足个人需要，个人需要根源于人的个体性。所以，人本质上所包含的社会性和个体性的对立统一是人们的需要包含共同需要和个人需要的直接制约因素，也是整个社会资源必须要在个人需要和共同需要之间进行合理配置的根本原因。

　　如果进一步概括个人需要和共同需要的特征，那么个人需要更多的表现为生存需要，具有封闭性，独享性、排他性的特征，人的吃、穿、住、用的需求，可以在一个排他的封闭的空间中完成和在排他性下独自享受。从这个意义讲，可以把个人需要定义为是具有封闭性、独享性的人的生存性需要。与此相对应，共同需要是人的发展需要，它具有开放性、共享性、互动性的特征。人们发展的需要是在一个相互交往、互动的开放环境中完成，在这个开放的环境中，任何个人需要的满足并不影响其他人同时分享。从这个意义上讲，可以说共同需要是具有开放性、互动性、共享性的发展性需要。满足个人需要和社会共同需要与 v 和 m 并不是一一对应的关系，在社会主义条件下，个人需要的满足主要是以按劳分配形式形成个人收入实现，但满足共同需要的社会保障部分通过困难补助和社会救济等形式发给丧失劳动能力和家庭困难的人来满足他们的个人需要。社会共同需要主要通过国家和集体支出 m 的形式实现，但个人 v 的支出状况也会影响到共同需要，因为个人收入中用于医疗、教育等方面的消费要在共同需要的形式中实现，个人收入状况对共同需要实现产生重要的影响。

在不同历史阶段上，人类共同需要和个人需要的层次、水平是不断变动的。因为人类的存续是从个人存续走向社会存续、走向相互联系的过程，在这个过程中，共同需要不断深化、变革和演进，其内涵得到提升、外延得到改变。人类共同需要的不断变化，推动着人类社会的不断进步。反过来，随着生产发展、剩余劳动增加，共同需要不断得到满足。满足共同需要的剩余劳动一般作为超过一定的需要量的劳动，应当始终存在。没有这种剩余劳动，共同需要就不能得到满足。"这种剩余劳动一方面是社会的自由时间的基础，从而另一方面是整个社会发展和全部文化的物质基础。"[1] "劳动产品超出维持劳动的费用而形成剩余，以及社会生产基金与后备基金靠这种剩余而形成和积累，过去和现在都是一切社会的、政治的和智力的发展的基础。"[2]

（三）实现共同需要的手段方式

国家"既包括由一切社会的性质产生的各种公共事务的执行，又包括由政府同人民大众相对立而产生的各种特有的职能。"[3] 一方面，国家作为阶级社会的特有现象，它总是代表和

---

[1] 《马克思恩格斯全集》第 32 卷，人民出版社 1998 年版，第 220 页。
[2] 《马克思恩格斯选集》第 3 卷，人民出版社 1995 年版，第 538 页。
[3] 《资本论》第 3 卷，人民出版社 2004 年版，第 431—432 页。

维护统治阶级的利益；另一方面，国家也要履行社会公共管理的
职能，对社会公共事务进行管理，以适应政治、经济、社会、科
技文化发展的需要。并且国家的社会管理职能是服从于阶级统治
职能的。国家既是阶级矛盾不可调和的产物，同时又是为满足共
同需要产生的，"在每个这样的公社中，一开始就存在着一定的
共同利益，维护这种利益的工作，虽然是在全体的监督之下，却
不能不由个别成员来担当，……这些职位被赋予了某种全权，这
是国家权力的萌芽"。① 由于国家是从社会分离出来的管理机构，
所以统治阶级在进行政治统治的时候，不得不从事一些社会管
理，满足共同需要。由于"国家是统治阶级的各个人借以实现
其共同利益的形式，是该时代的整个市民社会获得集中表现的形
式"。② 所以，满足共同需要、进行社会管理是服务于、从属于
阶级的统治职能。同时国家发挥社会管理职能是国家进行政治职
能的基础。一切政治权力起先总是以某种经济的、社会的职能为
基础的。国家的"政治统治到处都是以执行某种社会职能为基
础，而且政治统治只有在它执行了它的这种社会职能时才能持续
下去。"③ 马克思在分析英国人在印度进行殖民统治的时候得出
了统治者执行社会职能的重要性："不列颠人虽然在东印度从他
们的前人那里接受了财政部门和军事部门，但却完全忽略了公共
工程部门。因此，不能按照不列颠的自由竞争原则——自由放任
原则——行事的农业便衰落下来。"④

---

① 《马克思恩格斯选集》第3卷，人民出版社1995年版，第522页。
② 《马克思恩格斯选集》第1卷，人民出版社1995年版，第132页。
③ 《马克思恩格斯选集》第3卷，人民出版社1995年版，第523页。
④ 《马克思恩格斯全集》第12卷，人民出版社1998年版，第140页。

　　国家具有满足共同需要、管理社会公共事物、维护整个社会公共利益的职能，但在以私有制为基础的阶级社会里，其主要的和根本的职能是维护占统治地位的阶级的利益，共同需要体现的是特殊的阶级共同需要，是统治阶级的共同需要。国家采取的是"一种虚幻的共同体的形式"，即以一种表面上的"公共利益"的代表姿态出现的。由于赤裸裸的阶级利益显然不具有正当性，因此，为了达到阶级统治的目的，他们不得不将自己伪装起来。因为"每一个企图代替旧统治阶级的地位的新阶级，为了达到自己的目的而不得不把自己的利益说成是社会全体成员的共同利益"。① 现代资产阶级政府，虽然标榜着"自由、民主、法治、科学……"，大量介入社会公共事务和经济活动，但其根本目的在于为实现资产阶级的利益而维持"秩序"、缓和冲突，是资产阶级社会生产关系的维护者。在资本主义社会，不可能有真正的共同需要，如果有也只是资产阶级内部的共同需要。正如马克思说的："现代的国家政权不过是管理整个资产阶级的共同事务的委员会罢了。"② 为了满足资本的共同需要，"无论在任何情况下，无论有或者没有托拉斯，资本主义社会的正式代表——国家终究不得不承担起对生产的领导。这种转化为国家财产的必然性首先表现在大规模的交通机构，即邮政、电报和铁路方面。"③ "甚至可以在生产方面感到铁路的必要性；但是，修筑铁路对于生产所产生的直接利益可能如此微小，以致投资只能造成亏本。那时，资本就把这些开支转嫁到国家肩上，或者，在国家按照传

----

① 《马克思恩格斯选集》第1卷，人民出版社1995年版，第100页。
② 《马克思恩格斯选集》第1卷，人民出版社1995年版，第274页。
③ 《马克思恩格斯选集》第3卷，人民出版社1995年版，第752页。

统对资本仍然占有优势的地方，国家还拥有特权和权力来迫使全体拿出他们的一部分收入而不是一部分资本来兴办这类公益工程，这些工程同时又是一般生产条件，因而不是某些资本家的特殊条件"。① 公共工程摆脱国家而转入由资本本身经营的工程领域是需要一定条件的，即"资本本身——假定它拥有必要的数量——只有在下述情况下才会用来修筑铁路，即修筑铁路对生产者来说成为必要性，特别是对于生产资本本身来说成为必要性，成为资本家获得利润的条件。"② 与社会化大生产的巨大进步相适应，国家作为一种"公共权力"机构，对社会经济运行调节与控制、满足资本共同需要变得越来越重要。正是在这个意义上，可以认为国家"只有在它们是管理和处理生产的资产者的共同利益的委员会这个情况下，才是正当的"。③ 在满足资本需要的过程中，劳动者的共同需要也会有一定的改善，但并不改变他们被剥削、被奴役的地位。正如马克思所说的："吃穿好一些，待遇高一些，特有财产多一些，不会消除奴隶们的从属关系和对他们的剥削，同样，也不会消除雇佣工人的从属关系和对他们的剥削。"④

通过夺取政权，由公有制取代私有制满足社会的共同需要。生产资料、生产条件、资源的公平分配是满足共同需要的基础。共同需要来自剩余劳动，"劳动产品超出维持劳动的费用而形成的剩余，以及社会生产基金和后备基金从这种剩余中的形成和积

① 《马克思恩格斯全集》第 30 卷，人民出版社 1995 年版，第 529 页。
② 《马克思恩格斯全集》第 30 卷，人民出版社 1995 年版，第 528 页。
③ 《马克思恩格斯文集》第 8 卷，人民出版社 2009 年版，第 240 页。
④ 《资本论》第 1 卷，人民出版社 2004 年版，第 714 页。

累，过去和现在都是一切社会的、政治的和智力的继续发展的基础。在迄今为止的历史中，这种基金都是一个特权阶级的财产……即将到来的社会变革将把这种社会生产基金和后备基金，即全部原料、生产工具和生活资料，从特权阶级的支配中夺过来，并且将他们转交给全社会作为公共财产，这样才真正把它们变成社会的基金"。① 在私有制条件下，剩余劳动归资本占有，满足的是资本的需要。只有以公有制取代私有制，剩余劳动才能真正满足社会的共同需要。无产阶级夺取政权后，"必须采取措施来巩固自己的胜利，这些措施不仅要摧毁资本的政治力量而且还要摧毁它的社会力量，不仅要保证工人的政治力量而且还要保证他们的社会福利。"② 社会主义国家必须尽可能快地发展社会生产力，满足人们的共同需要。"由社会全体成员组成的共同联合体来共同而有计划地尽量利用生产力；把生产发展到能够满足全体成员需要的规模；消灭牺牲一些人的利益来满足另一些人的需要的情况；彻底消灭阶级和阶级对立；通过消除旧的分工，进行生产教育、变换工种、共同享受大家创造出来的福利，通过城乡的融合，使社会全体成员的才能得到全面的发展"。③ 通过社会生产，不仅可能保证一切社会成员有富足的和一天比一天充裕的物质生活，而且还可能通过满足共同需要保证他们的体力和智力获得充分的自由的发展和运用。

如何满足共同需要？一是满足共同需要的职能应该交给"负责任的勤务员"，"旧政权的纯粹压迫性质的机关予以铲除，

---

① 《马克思恩格斯全集》第 2 卷，人民出版社 1995 年版，第 247 页。
② 《马克思恩格斯文集》第 9 卷，人民出版社 2009 年版，第 202 页。
③ 《马克思恩格斯文集》第 1 卷，人民出版社 2009 年版，第 689 页。

而旧政权的合理职能则从僭越和凌驾于社会之上的当局那里夺取过来，归还给社会的负责任的勤务员".① "政府的压迫力量和统治社会的权威就随着它的纯粹压迫性机构的废除而被摧毁，而政府应执行的合理职能，则不是由凌驾于社会之上的机构，而是由社会本身的负责的勤务员来执行."② 二是共同需要的满足机制应坚持人民管理和"小政府、大社会"的模式。恩格斯在《共产主义原理》中写到"如果不立即利用民主作为手段实行进一步的、直接侵犯私有制和保证无产阶级生存的各种措施，那么，这种民主对于无产阶级就会毫无用处."③ 马克思在总结巴黎公社的经验时，赞扬了圣西门的以社会自治为中心的"小政府"理想，主张建立廉价政府和"小政府，大社会"的政府管理模式，使政府更加贴近人民群众，让人民群众有更多机会行使自己的权力，管理国家大事。"公社的真正秘密就在于：它实质上是工人阶级的政府"④，"它所采取的某些措施，只能显示出走向属于人民、由人民掌权的政府的趋势"⑤，"仍须留待中央政府履行的为数不多，但很重要的职能，则不会像有人故意胡说的那样予以废除，而是由公社的因而是严格负责的勤务员来行使."⑥ 这也体现了马克思的未来社会政府满足共同需要的思想。三是满足共同需要的部分要从社会总产品中扣除。马克思指出"如果我们把'劳动所得'这个用语首先理解为劳动的产品，那么集体

① 《马克思恩格斯选集》第3卷，人民出版社，1995年版，第57页。
② 《马克思恩格斯选集》第3卷，人民出版社1995年版，第122页。
③ 《马克思恩格斯选集》第1卷，人民出版社1995年版，第239—240页。
④ 《马克思恩格斯文集》第3卷，人民出版社2009年版，第158页。
⑤ 《马克思恩格斯选集》第3卷，人民出版社1995年版，第64页。
⑥ 《马克思恩格斯文集》第3卷，人民出版社2009年版，第158页。

的劳动所得就是社会总产品。现在从它里面应当扣除：第一，用来补偿消费掉的生产资料部分；第二，用来扩大再生产的追加部分；第三，用来偿付不幸事故、自然灾害等后备基金或保险基金……剩下的总产品中的另一部分是用来作为消费资料的。把这部分进行个人分配之前，还得从里面扣除：第一，同生产没有直接关系的一般管理费用，同现代社会比起来，这一部分一开始就会极为显著地缩减，并随着新社会的发展而日益减少；第二，用来满足共同需要的部分，如学校、保健设施等，和现代社会比起来，这一部分将会立即显著增加，并将随着新社会的发展而日益增加；第三，为丧失劳动能力的人等等设立的基金，总之，就是现在属于所谓官办济贫事业的部分。"[①]

在社会主义、共产主义社会里，满足共同需要的构成比例是不断变化的。国家为满足共同需要的统治职能性质逐渐消失，更多表现为单纯的管理职能，"对人的统治将由对物的管理和对生产过程的领导所代替"[②]，单纯的经济目的和公共服务性特征成为其主要的性质。具体地看，一是用于行政管理和国防支出及履行其职能的人员的存在的共同需要。与以往任何国家一样，国家在实现自己的政治统治时，也要依靠一定的行政机构和专政机构，需要一定数量的机关工作人员，并保持一定数量的军队和警察，等等。满足行政管理和国防支出的共同需要，总的趋势是逐渐下降的，特别是行政管理费用，随着改革结构、精兵简政，比重逐渐减少。二是满足文化、教育、医疗和社会保险等共同需要

---

① 《马克思恩格斯选集》第 3 卷，人民出版社 1995 年版，第 302—303 页。
② 《马克思恩格斯选集》第 3 卷，人民出版社 1995 年版，第 631 页。

的部分，即狭义上的共同需要的部分"将随着新社会的发展而日益增加"。第一，这是社会化大生产分工与协作的要求，即要求缩小社会总体劳动中各个成员的差别，提高劳动力的质量。而社会总劳动有计划的培养，主要依赖于共同需要。第二，社会主义要求社会成员全面发展，而保持全面发展的物质条件，部分的取决于共同需要的满足情况。共同需要中包含着某些按需要（还不是共产主义的按需分配）分配的因素。社会主义在坚持按劳分配的基础上，满足全体人民的共同需要，有助于缩小人们实际生活水平上的差距。个人需要的满足程度是和按劳分配联系在一起的，在按劳分配这一平等权利下，由于劳动者提供的劳动有差别，家庭生活负担不同等原因，满足个人需要的差别是存在的。而共同需要的部分同劳动者提供的劳动数量和质量没有直接关系，往往是与人们的需求相联系的。共同需要的满足有助于缩小不同居民在收入水平和消费水平上的差距，从而有利于推进按劳分配基础上社会全体成员的共同富裕。

（四）实现共同需要的途径

社会生活在本质上是实践的，物质生产实践是历史的发源地。因而共同需要的本质也只能从物质生产实践的现实运动中才能得到合理的解释，不能离开一定的生产力发展水平抽象地谈论和追求共同需要。马克思认为，与一定生产力的发展阶段相适应的共同需要是有限度的，真正满足人和社会存在与发展的共同需要只有到了共产主义社会才能实现。在历史唯物主义科学方法指导下，马克思恩格斯为我们构想出了理想社会的形态，"代替那存在着阶级和阶级对立的资产阶级旧社会的，将是这样一个联合体，在那里，每个人的自由发展是一切人的自由发展的条件。"①

共同需要的满足，不取决于人们的主观愿望，而是取决于生产力水平，物质生产实践是实现共同需要的物质基础。正如马克思所说，"所谓的第一生活需要数量和满足这些需要的方式，在很大程度上取决于社会的文明状况，也就是说，它们本身就是历史的产物，所以，在某一国家或某一时期属于必要的生活资料的东西，在另一个国家或另一时期却不是必要的生活资料。"② 因而不同的历史时期不同的生产力水平决定了共同需要的对象、内容、水平、规模及满足需要的方式都是不一样的。随着社会生产力的发展、生产社会化程度的不断提高，共同需要不断变化。人们是"在现有的生产力所决定和所容许的范围之内"满足共同需要，"取得自由的"。"在文化初期，已经取得的劳动生产力很低，但是需要也很低，需要是同满足需要的手段一同发展的，并且是依靠这些手段发展的。"③ 没有这些手段的发展，没有生产力水平的提高，共同需要的满足就会成为无本之木，无源之水。也正是在不断发展的社会生产中，"不仅可能保证一切社会成员有富足的和一天比一天充裕的物质生活，而且还可能保证他们的体力和智力获得充分的自由的发展和运用"。④

共同需要"一方面为社会现有的生产力所许可（也就是工人自己的劳动作为现实的社会劳动所具有的社会生产力），另一

---

① 《马克思恩格斯选集》第1卷，人民出版社1995年版，第294页。
② 《马克思恩格斯全集》第32卷，人民出版社1998年版，第49页。
③ 《资本论》第1卷，人民出版社2004年版，第585—586页。
④ 《马克思恩格斯选集》第3卷，人民出版社1995年版，第633页。

方面为个性的充分发展所必要的消费范围"。① 马克思在《政治经济学批判大纲》指出"在再生产的行为本身中，不但客观条件改变着……而且生产者也改变着，炼出新的品质，通过生产而发展和改造着自身，造成新的力量和新的观念，造成新的交往方式，新的需要和新的语言。"② 当社会生产力水平低下，物质文明程度也比较低下时，人们的共同需要远不及当代社会这样丰富、强烈。在前资本主义社会，接受教育并没有成为社会成员的共同需要。但是在当代，社会生产力有了相当程度的发展，接受教育就成为社会成员的共同需要，并且教育以义务教育的形式纳入了社会需要的范围。共同需要应该历史的、动态的看待，由于生产力水平较低及存在多层次的生产力状况，相当长的时间内，满足不同阶层、不同地区居民之间共同需要的差别还是存在的。

不仅共同消费需要与生产力直接联系，而且共同生产需要的内容与满足方式也与生产力的发展状况相关。在农业社会，"利用水道及水利工程来实行人工管理的办法成为东方农业的基础。这种人工灌溉法是依赖于中央政府的，如果中央政府对灌溉工程表示冷淡，这种灌溉法就立刻废弛下去。"③ "节约用水和共同用水是基本的要求，这种要求，在西方，例如在弗兰德和意大利，曾使私人企业家结成自愿的联合；但是在东方，由于文明程度太低，幅员辽阔，不能产生自愿的联合，所以就迫切需要中央集权的政府来干预，因此亚洲的一切政府都不能不执行一种经济职

---

① 《资本论》第3卷，人民出版社2004年版，第991—992页。
② 《马克思恩格斯文集》第8卷，人民出版社2009年版，第145页。
③ 《马克思恩格斯论中国》，人民出版社1953年版，第22—23页。

能，即举办公共工程的职能。"① 在西方由于社会生产力发展水平较高，共同用水既能满足社会存在和发展的共同需要，又有利于私人企业家获取企业发展利益的共同需要，所以"私人企业家结成的自愿联合"成为满足共同需要的方式之一。在东方，由于文明程度太低，生产力发展水平落后，再加上自然地理原因，政府出面才能解决用水的共同需要。进入工业社会，基础设施为整个生产过程提供"共同生产条件"。"铁路、建筑物、农业改良、排水设备等形式的固定资本"② 是满足共同生产需要的内容。

共同需要满足状况不仅由生产力决定，而且对生产力发展起着促进与阻碍作用。马克思指出，"在亚洲的原始的自给自足的公社内，一方面，对道路没有需要；另一方面，缺乏道路又使这些公社闭关自守，因此成为他们长期停滞不前的重大要素（例如在印度）"。③ 并且生产的发展也取决于是否满足了人的共同需要，因为人是发展的主体。恩格斯曾经说过："最能促进生产的是能使一切社会成员尽可能的全面发展、保持和运用自己能力的那种分配方式。"④ 满足共同需要"能使一切社会成员尽可能全面的发展、保持和运用自己的能力"。特别是在现代社会化大生产中，满足劳动者共同需要对社会生产的促进作用尤为明显。随着科学技术的发展和应用，劳动变得越来越复杂，智力消耗所占的比重越来越大，只有不断学习才能适应这种要求。为了适应社

---

① 《马克思恩格斯全集》第 12 卷，人民出版社 1998 年版，第 139 页。
② 《马克思恩格斯全集》第 31 卷，人民出版社 1998 年版，第 120 页。
③ 《马克思恩格斯全集》第 31 卷，人民出版社 1995 年版，第 522 页。
④ 《马克思恩格斯文集》第 9 卷，人民出版社 2009 年版，第 209 页。

会劳动的这一客观发展趋势，必须满足文化教育、医疗保健等共同需要才能培养出适应现代生产的劳动者。

（五）满足共同需要的根本目的

公平分配是放眼于经济运行全过程的系统观，不仅要重视收入分配结果的公平，更应重视导致结果的生产资料占有的公平和满足共同需要的资源占有的公平，通过满足共同需要资源占有的公平实现公平的分配。

马克思在《哥达纲领批判》中明确指出："在所谓分配问题上大做文章并把重点放在它上面，那也是根本错误的。"[①] 因为在现实的经济运行过程中，生产、消费、交换、分配等环节是一个整体，各个环节之间密切联系、互相制约。如果单单将分配从整体中抽离出来对它加以研究，根本不能得出科学的结论。马克思坚决反对就收入分配本身研究分配，认为必须联系生产方式、联系生产资料占有关系研究分配公平。脱离生产条件的分配，就不能对收入分配做出科学的解释。"消费资料的任何一种分配，都不过是生产条件本身分配的结果；而生产条件的分配，则表现生产方式本身的性质。例如，资本主义生产方式的基础是：生产的物质条件以资本和地产的形式掌握在非劳动者手中，而人民大众所有的只是生产的人身条件，即劳动力。既然生产的要素是这样分配的，那么自然就产生现在这样的消费资料的分配。如果生产的物质条件是劳动者自己的集体财产，那么同样要产生一种和

---

① 《马克思恩格斯选集》第3卷，人民出版社1995年版，第306页。

现在不同的消费资料的分配。"① 在马克思看来，资本主义社会的收入分配不公是结果，生产资料占有不公是原因，解决问题的关键在于消除导致结果的源头。马克思在《〈政治经济学批判〉导言》中提出研究分配方式的逻辑思路："分配的结构完全决定于生产的结构。分配本身是生产的产物，不仅就对象说是如此，而且就形式说也是如此。就对象说，能分配的只是生产的成果，就形式说，参与生产的一定方式决定分配的特定形式，决定参与分配的形式。"② 他还同时分析了公平分配的物质内容："在分配是产品的分配之前，它是（1）生产工具的分配，（2）社会成员在各类生产之间的分配（个人从属于一定的生产关系）——这是同一关系的进一步规定。这种分配包含在生产过程本身中并且决定生产的结构，产品的分配显然只是这种分配的结果。如果在考察生产时把包含在其中的这种分配撇开，生产显然是一个空洞的抽象；相反，有了这种本来构成生产的一个要素的分配，产品的分配自然也就确定了。"③

马克思所重视的生产方式、生产工具的分配、社会成员在各类生产之间的分配，是决定分配公平的关键因素。马克思提出生产资料公有制是实现按劳分配的理论依据，那么其更深层含义则是寻求实现公平分配的道路，即通过满足共同需要的资源占有的平等，力求让最大多数的普通劳动群众享有社会主义经济发展所带来的福利。在公有制为主体的中国，制度上很大程度上保障了对资源占有的相对公平，但多种所有制共同发展以及公有制程度

---

① 《马克思恩格斯选集》第 3 卷，人民出版社 1995 年版，第 306 页。
② 《马克思恩格斯选集》第 2 卷，人民出版社 1995 年版，第 13 页。
③ 《马克思恩格斯选集》第 2 卷，人民出版社 1995 年版，第 14 页。

没有达到全社会占有程度的现实，又决定了事实上资源占有存在不公平。马克思所重视的生产条件的分配公平，实际上主要体现为劳动者所获取或者所使用的满足共同需要的资源分配的公平，马克思所关注的导致收入分配不公的原因，在当今主要表现在资源分配不公而导致的劳动者在生产过程中的地位不同。没有满足共同需要的资源分配的公平就不可能实现收入分配的公平，资源分配公平决定收入分配公平。

（六）满足共同需要的归宿

"全部人类历史的第一个前提无疑是有生命的个人的存在。"① 正是有了无数个人才组成了社会，离开了个人，社会便无从谈起。并且，马克思把感性活动的、同时也是社会的、历史的和现实的人确定为共同需要的主题、前提和出发点。马克思认为，一个社会能否通过社会共同需要体现人的尊严和保障人的基本权利，是这个社会是否公平合理的一个重要标志。在马克思恩格斯看来，由于生产力不发达以及剥削制度存在等原因，在旧的社会里，共同需要得不到满足，人的尊严和基本权利不可能得到保障，因此应当改变这种状况。马克思恩格斯以发达资本主义为基础，提出社会主义是"以每一个个人的全面而自由的发展为基本原则的社会形式"。②

在马克思那里，现实的人的本质就是结成一定的社会关系从

---

① 《马克思恩格斯选集》第 1 卷，人民出版社 1995 年版，第 67 页。
② 《资本论》第 1 卷，人民出版社 2004 年版，第 683 页。

事劳动和其他社会实践。共同需要的满足促进人的劳动能力的发展和社会关系发展，从而实现人的自由而全面的发展。首先，通过共同需要促进人的劳动能力的发展。社会化大生产的劳动者在很大程度上要通过满足劳动者的共同需要来培养。在社会化大生产以前，"范围有限的知识和经验是同劳动本身直接联系在一起的，并没有发展成为同劳动相分离的独立的力量"①。个体小生产对劳动者的要求是具备一定的体力，学会祖传的"范围有限的知识和经验"以及劳动技能，就可以从事生产。这样的劳动者可以在家庭范围内，通过个人需求以"父教子学"的方式培养出来。而社会化大生产是以广泛的社会分工和协作为基础，以劳动社会化为基础的。劳动的社会化要求劳动力的再生产过程也必须社会化，劳动力的再生产就不可能完全局限在家庭范围内。"当上个世纪的农民和工场手工业工人被卷入大工业中的时候，他们改变了自己的整个生活方式而成为完全不同的人，同样，由整个社会共同经营生产和由此而引起的生产的新发展，也需要完全不同的人，并将创造出这种新人来。"② 随着科学技术的发展和应用，劳动变得越来越复杂，智力消耗所占的比重越来越大，只有不断学习才能适应这种要求。为了适应社会劳动的这一客观发展趋势，必须通过文化教育、医疗保健等共同需要才能培养出这样的劳动者。其次，在满足共同需要中形成人的社会关系的全面发展。人的能力的发展固然是人的发展的主要内容，但马克思从不把人的发展简单地归结为能力的发展，因为人的能力的形

---

① 马克思著：《机器、自然力和科学的应用》，人民出版社 1978 年版，第206 页。

② 《马克思恩格斯选集》第 1 卷，人民出版社 1995 年版，第 242 页。

成、发展和表现都离不开人的社会关系。人总是在一定的社会关系中生存和发展着,"社会关系实际上决定着一个人能够发展到什么程度。"① 封闭性,独享性、排他性的个人需要仅仅满足的是人的生存性需求。人们发展的需要是在一个相互交往的开放的环境中进行,具有开放性、共享性、互动性的共同需要才能满足人的素质自由而全面的发展和人的社会关系的自由而全面发展。

马克思不仅揭示共同需要的满足对实现人的全面发展的意义,而且考察了共同需要演进中的三大社会形态。马克思指出:"人的依赖关系,是最初的社会形态,在这种形态下,人的生产能力只是在狭窄的范围内和孤立的地点上发展着。以物的依赖性为基础的人的独立性,是第二大形态,在这种形态下,才形成普遍的社会物质交换,全面的关系,多方面的需求以及全面能力的体系。建立在个人全面发展和他们共同的社会生产能力成为他们的社会财富这一基础上的自由个性,是第三阶段。"② 从马克思的阐述中我们可以看到,共同需要的满足是与人的全面发展相统一的历史过程。在社会生产发展水平低下时,共同需要的对象往往直接取自大自然,共同需要也是低级、简单和粗陋的,表现为人的依赖关系;随着社会生产力的发展,共同需要的内容进一步丰富,但共同需要较为单纯、简单,表现为以物为基础的人的独立性;生产力高度发达,共同需要将更为多样化、丰富化和全面化,表现为人的自由全面发展。

当今社会条件下,社会还不富裕,通过共同需要满足人自由

---

① 《马克思恩格斯全集》第25卷,人民出版社2001年版,第55页。
② 《马克思恩格斯文集》第8卷,人民出版社2009年版,第52页。

而全面发展会受到限制。"人们每次都不是在他们关于人的理想所决定和所允许的范围之内，而是在现有生产力所决定和所允许的范围之内取得自由的。"① 但是实现最广大人民群众根本利益的最高价值始终是不变的，贯穿于社会主义发展的始终。

马克思对共同需要思想的分析和论述不仅超越了当时历史条件的限制，具有前瞻性，而且跨越时空的限制，具有针对性。认真研读马克思共同需要思想，并且与时俱进地丰富和发展马克思主义，从而以此来指导我国社会主义基本公共服务建设的理论和实践。

二、马克思恩格斯共同需要
思想在中国的发展

马克思恩格斯的共同需要思想是人类智慧的宝贵遗产，是一个开放的、不断发展的思想体系。我们党在革命、建设和改革的各个历史时期，坚持把马克思共同需要思想同我国的具体实际和时代特征相结合，始终关注人民的生活，不断进行理论创新，不断推动实践发展，生动体现了中国共产党"立党为公、执政为民"的执政本质，丰富和发展了马克思主义的共同需要思想。

（一）毛泽东的共同需要思想

首先，为满足共同需要创造了根本的政治前提和制度基础。

---

① 《马克思恩格斯全集》第 3 卷，人民出版社 1960 年版，第 507 页。

由于毛泽东所处的社会历史条件的特殊性，人的解放问题最初作为满足人民共同需要的首要问题受到了关注，这为满足共同需要奠定了坚实的基础。他一生实践的主题就是领导中国人民进行社会革命，实现人的解放。他深刻理解马克思关于无产阶级只有从受压迫、受剥削的境遇中解放出来才有可能满足广大人民共同需要。他指出："没有几万万人民的个性的解放和个性的发展，一句话，没有一个由共产党领导的新式的资产阶级性质的彻底的民主革命，要想在半殖民地半封建的废墟上建立起社会主义社会来，那只是完全的空想"。① 他认为，要进入社会主义，只有用新民主主义革命破除民族压迫和封建压迫的束缚，才能保障广大人民能够自由发展其在共同生活中的个性。他进一步强调："民族压迫和封建压迫残酷地束缚着中国人民的个性发展，束缚着私人资本主义的发展和破坏着广大人民的财产。我们主张的新民主主义制度的任务，则正是解除这些约束和停止这种破坏，保障广大人民能够自由发展其在共同生活中的个性……"② 他领导中国人民取得了反帝反封建斗争的伟大胜利，建立了社会主义新中国，这为满足共同需要奠定了政治基础。

其次，把为人民服务的思想作为满足共同需要应该坚持的基本原则。社会主义经济是为人民服务的经济，社会主义生产的目的只能是满足人民不断增长的物质需要。1934 年苏维埃政权在瑞金建立之后，毛泽东便指出："一切群众的实际生活问题，都是我们应当注意的问题。假如我们对这些问题注意了，解决了，

---

① 《毛泽东选集》第 3 卷，人民出版社 1991 年版，第 1060 页。
② 《毛泽东选集》第 3 卷，人民出版社 1991 年版，第 1058 页。

满足了群众的需要，我们就真正成了群众生活的组织者，群众就会真正围绕在我们的周围，热烈地拥护我们。"① 1944 年 9 月，毛泽东发表了著名的《为人民服务》的演讲，第一次系统而完整地阐明了为人民服务的思想。在《一九四五年的任务》一文中，毛泽东明确提出："我们一切工作干部，不论职位高低，都是人民的勤务员，我们所做的一切，都是为人民服务"。② 要以向人民负责的态度满足人民的共同需要。"我们的责任，是向人民负责。每句话，每个行动，每项政策，都要适合人民的利益，如果有了错误，定要改正，这就叫向人民负责。"③

再者，对满足共同需要的实践进行了战略安排。一是在所有制层面上，把生产资料私有制转变为社会主义公有制，大力促进工、农、商业的社会变革和整个国民经济的发展，为满足共同需要奠定了基本的经济制度基础。1952 年全国土地改革基本完成，1953 年 8 月毛泽东同志在一个批示中指出："从中华人民共和国成立，到社会主义改造基本完成，这是一个过渡时期。党在这个过渡时期的总路线和总任务，是要在一个相当长的时期内，并逐步实现国家对农业、手工业和资本主义工商业的社会主义改造。"④ 1953 年至 1956 年，新中国仅仅用了 4 年时间，就完成了对农业、手工业和资本主义工商业的社会主义改造，具备了满足共同需要的所有制基础。二是生产力层面上，提出改变我国社会经济、技术落后的状况，把我国建设成为一个富强、民主、文明

---

① 《毛泽东选集》第 1 卷，人民出版社 1991 年版，第 137 页。
② 《毛泽东文集》第 3 卷，人民出版社 1996 年版，第 243 页。
③ 《毛泽东选集》第 4 卷，人民出版社 1991 年版，第 1128 页。
④ 《毛泽东文集》第 6 卷，人民出版社 1999 年版，第 326 页。

的社会主义现代化强国，为满足共同需要奠定物质基础。1933年8月12日，毛泽东在中央革命根据地南部17县经济建设大会上作报告时指出："我们要使人民经济一天一天发展起来，大大改良群众生活，大大增加我们的财政收入。"① 次年1月，他更进一步指出：从发展国民经济来增加我们财政的收入，是我们财政政策的基本方针。1942年年12月，毛泽东在《抗日时期经济问题和财政问题》中再一次强调"发展经济，保障供给，是我们经济工作和财政工作的总方针。"② 他在陕甘宁边区高级干部会上指出："有许多同志，片面地看重了财政，不懂得整个经济的重要性。他们的脑子终日只在单纯的财政收支问题上打圈子，打来打去还是不能解决问题，这是一种陈旧的保守的观点在这些同志的头脑中作怪的缘故。他们不知道财政政策的好坏固然足以影响经济，但是决定财政的却是经济。未有经济无基础可以解决财政困难的，未有经济不发展而可以使财政充裕的。……财政困难，只有从切切实实的有效的经济发展中才能解决。忘记发展经济，忘记开辟财源，而企图从收缩必不可少的财政开支去解决财政困难的保守观点，是不能解决任何问题。"③ 在社会主义建设时期，要使广大人民群众从自然力的束缚下和繁重的体力劳动中解放出来，要走工业化道路的战略，大力发展社会主义生产力，不断满足人民日益增长的物质文化需要。1956年4月，毛泽东在《论十大关系》一文中更明确地指出：在工厂，工人的劳动生产率提高了，他们的劳动条件和集体福利就需要逐步有所改

---

① 《毛泽东选集》第1卷，人民出版社1991年版，第122页。
② 《毛泽东选集》第3卷，人民出版社1991年版，第891页。
③ 《毛泽东选集》第3卷，人民出版社1991年版，第891页。

进。在农村，我们要尽可能使农民能够在正常年景下，从增加生产中逐年增加个人收入。三是在城乡关系层面上，把以城市为主、兼顾农村作为满足共同需要的策略选择。根据对当时中国生产力水平和经济基础的分析，毛泽东指出："在城乡关系中，哪一个是中心呢？从有城市的时候起，城市就是中心。"① 自七届二中全会农村工作重心开始逐渐转向城市，"开始了由城市到乡村并由城市领导乡村的时期。党的工作重心由乡村移到了城市。"② 但也不能否认乡村的地位与作用，"城乡必须兼顾，必须使城市工作和乡村工作，使工人和农民，使工业和农业，紧密地联系起来。决不可以丢掉乡村，仅顾城市，如果这样想，那是完全错误的"。③ 从这一思想出发，城市单位和农村集体经济组织各自实行了不同的满足共同需要的政策措施。

第四，对满足共同需要的社会保障、教育等领域的政策进行了探索。在社会保障方面，解决广大人民的疾苦。早在革命战争期间，毛泽东就十分注重民众的社会保障问题，在 1933 年和 1934 年，他写了《必须注意经济工作》、《关心群众生活，注意工作方法》等文；在长冈乡进行调查时，对当地的裁缝、木匠、泥瓦匠等手工业工人的失业状况做了统计，对许多地方苏维埃不注意社会救济工作、不知道救济困难群众的情况进行了尖锐批评。建国以后，毛泽东更加重视人民群众的社会保障问题。1954 年 9 月，一届全国人大一次会议在毛泽东的主持下通过了新中国的第一部宪法。这部宪法规定："中华人民共和国公民有劳动的

① 《毛泽东文集》第 6 卷，人民出版社 1999 年版，第 25 页。
② 《毛泽东选集》第 4 卷，人民出版社 1991 年版，第 1427 页。
③ 《毛泽东选集》第 4 卷，人民出版社 1991 年版，第 1427 页。

权利，国家通过国民经济有计划的发展，逐步扩大劳动就业，改善劳动条件和工资待遇，以保证公民享受这种权利。""中华人民共和国劳动者在年老、疾病或者在丧失劳动能力的时候，有获得物质帮助的权利，国家举办社会保险、社会救济和群众卫生事业，并且逐步扩大这些设施，以保证劳动者享受这种权利"。在毛泽东的领导下，对社会保障问题的充分认识对解决人民群众就业和生活问题甚至对巩固新生政权、维护社会稳定发挥了重要作用。在具体实施的过程中，要坚持统筹兼顾的方针。1957 年 2 月，毛泽东在《关于正确处理人民内部矛盾的问题》一文中指出："无论粮食问题，灾荒问题，就业问题，都要从对全体人民的统筹兼顾这个观点出发，就当时当地的实际可能条件，同各方面的人协商，做出各种适当的安排。"在教育方面，发展人民的文化教育事业。毛泽东指出，我们的文化是人民的文化，因此应该大力发展人民的文化教育事业。新民主主义的文化是大众的，"它应为全民族中百分之九十以上的工农劳苦民众服务，并逐渐成为他们的文化。"① 他对新中国普通民众在教育上所享受的不平等的待遇十分不满。1960 年，毛泽东对于中国人的文化程度有一个基本的估计，认为占人口 10% 的地主、富农、城市资产阶级和知识分子，中国有文化的主要是这一部分人。还有 10% 左右的人是识字的，就是上层小资产阶级和富裕中农。80% 的人过去都是文盲。因此，毛泽东发展教育思想的宗旨，就是要让广大民众接受教育。为了使更多的民众从教育中受益，毛泽东提倡教育内容和方式的多样化。他指出，农村应当制定文化教育规

---

① 《毛泽东选集》第 2 卷，人民出版社 1991 年版，第 708 页。

划，包括识字扫盲，办小学，办适合农村需要的中学，中学里面增加一点农业课程，出版适合农民需要的通俗读物和书籍，发展农村广播网、电影放映队，组织文化娱乐等等。他还指出：农民学习技术，应当同消灭文盲相结合，由青年团负责一同管起来。技术夜校的教员，可以就地选拔，并且要提倡边教边学。毛泽东提倡大众教育，使新中国有限的教育资源能够为更多的普通民众所共享。

（二）邓小平的共同需要思想

第一，满足共同需要的物质条件是"解放生产力，发展生产力"。我国进入社会主义社会以后的主要矛盾是什么，虽然"八大"已经给予了科学的说明，但后来却没有抓住这个主要矛盾。1979 年 3 月，在党的理论务虚工作会议上，邓小平又重新论述了这一问题。他说"我们的生产力发展水平还很低，远远不能满足人民和国家的需要，这就是我们目前时期的主要矛盾，解决这个主要矛盾就是我们的中心任务。"[1] 发展生产力，满足人们日益增长的物质文化生活的需要，是解决问题的着力点。"社会主义的优越性归根到底要体现在它的生产力比资本主义发展更快一些、更高一些，并且在发展生产力的基础上不断改善人民的物质文化生活。"[2]"在社会主义国家，一个真正的马克思主义政党在执政以后，一定要致力于发展生产力，并在这个基础上

---

[1] 《邓小平文选》第 2 卷，人民出版社 1994 年版，第 182 页。
[2] 《邓小平文选》第 3 卷，人民出版社 1993 年版，第 63 页。

逐步提高人民的生活水平。"① 他强调在突出人民利益的前提下通过发展经济来满足共同需要，这是我们经济工作的重要方针。"我们的国家还很落后，工人的福利不可能在短期间有很大的增长，而只能在生产增长特别是劳动生产率增长的基础上逐步增长。"② "我们只能在发展生产的基础上逐步改善生活。发展生产，而不改善生活是不对的；同样，不发展生产，要改善生活也是不对的，而且是不可能的。"③"我们一定要根据现在的有利条件加速发展生产力，使人民的物质生活好一些。"④ 邓小平同志在《解放思想，实事求是，团结一致向前看》一文中也明确指出"为国家创造财富多，个人的收入就应该多一些，集体福利就应该搞得好一些。"⑤

第二，满足共同需要要求消灭剥削，消除两极分化。社会主义制度是消灭阶级剥削的平等进步的社会制度，是劳动人民当家作主、共同占有生产资料、共同创造和享有物质财富的制度。只有在这个制度下，社会生产的目的才是为了满足人民日益增长的物质文化生活的需要。"社会主义不是少数人富起来、大多数人穷，不是那个样子。社会主义最大优越性就是共同富裕，这是体现社会主义本质的一个东西。"⑥ 也只有在这个制度下，才能从根本上解决资本主义社会生产资料私人占有与生产社会化的矛盾，为满足共同需要提供生产关系前提和物质基础前提条件。

---

① 《邓小平文选》第 3 卷，人民出版社 1993 年版，第 28 页。
② 《邓小平文选》第 2 卷，人民出版社 1994 年版，第 137—138 页。
③ 《邓小平文选》第 2 卷，人民出版社 1994 年版，第 257—258 页。
④ 《邓小平文选》第 2 卷，人民出版社 1994 年版，第 128 页。
⑤ 《邓小平文选》第 2 卷，人民出版社 1994 年版，第 146 页。
⑥ 《邓小平文选》第 3 卷，人民出版社 1993 年版，第 364 页。

"走资本主义道路,可能在某些局部地区少数人更快地富起来,形成一个新的资产阶级,产生一批百万富翁,但顶多不会达到人口的百分之一,而大量的人仍然摆脱不了贫穷,甚至连温饱问题都不可能解决。"[1] 而社会主义的经济是以公有制为基础的,生产是为了最大限度地满足人民的物质、文化需要,而不是为了剥削。满足共同需要、实现共同富裕是一个波浪式发展的过程,"一部分地区有条件先发展起来,一部分地区发展慢点,先发展起来的地区带动后发展的地区,最终达到共同富裕。"[2] 对经济相对落后的地区,国家应当从各方面给予帮助,特别要从物质上给予有力的支持,发达地区要大力支持不发达地区。"工会要努力保障工人的福利……工会组织要督促和帮助企业行政和地方行政在可能的范围内努力改善工人的劳动条件、居住条件、饮食条件和卫生条件,同时要在工人中间积极开展各种形式的互助活动。"[3]

第三,满足共同需要的战略步骤分为"三步":温饱、小康、现代化。在社会主义建设过程中,邓小平总结了社会主义现代化建设的经验教训,并依据社会主义初级阶段的国情,充分思考如何满足人民日益提高的物质文化生活,提出了"三步走"的发展战略:第一步,实现国民生产总值比 1980 年翻一番,解决人民的温饱问题;第二步,到 20 世纪末使国民生产总值再增长一倍,人民生活达到小康水平;第三步,到 21 世纪中叶,国民生产总值达到中等发达国家水平,人民生活比较富裕,基本实

---

① 《邓小平文选》第 3 卷,人民出版社 1993 年版,第 208 页。
② 《邓小平文选》第 3 卷,人民出版社 1993 年版,第 374 页。
③ 《邓小平文选》第 2 卷,人民出版社 1994 年版,第 137—138 页。

现现代化。"三步走"发展战略，是具有中国特色的社会主义现代化发展战略，是邓小平满足共同需要思想的战略体现。共同需要的满足必须坚持量力而行、循序渐进的原则，不解决温饱问题，就不可能向小康迈进，只有在小康基础上继续发展，才能实现现代化，这是一个渐进的发展过程。邓小平着重对小康社会的共同需要进行了论述。他认为，在小康社会，人民的需求将发生根本的变化，人们的温饱需要得到了解决，人们开始追求发展与享受的需要，要求政府提供更多满足共同需要的公共服务。邓小平举了苏州地区的例子。当时苏州地区的人均国民生产总值是800美元，苏州人民解决了温饱问题，苏州地区就能集中精力办教育和提高人民生活水平，满足人民的社会公共需要。1984年10月22日，在中央顾问委员会第三次全体会议上，邓小平指出："去年我到苏州，苏州地区的工农业年总产值已经接近人均八百美元。我了解了一下苏州的生活水平。在苏州，第一，是人不往上海、北京跑，恐怕苏南大部分地方的人都不往外地跑，乐于当地的生活；第二，每个人平均二十多平方米的住房；第三，中小学教育普及了，自己拿钱办教育；第四，人民不但吃穿问题解决了，用的问题，什么电视机，新的几大件，很多人也都解决了；第五，人们的精神面貌有了很大的变化，什么违法乱纪、犯罪行为大大减少。"[1] 随着人们衣、食、住等基本生存需要满足之后，人民开始追求发展的需要、享受的需要、接受服务的需要等，而这些需要又同政府提供的公共服务紧密相关，如政府要为社会提供更好的公共设施、更宽松的发展政策与环境等。邓小平

---

① 《邓小平文选》第3卷，人民出版社1993年版，第89页。

指出，当我国实现小康社会的目标之后，要集中精力办教育和改善人民生活，政府应集中精力于提供公共产品与公共服务。1986年邓小平谈到，"我们的目标，第一步是到二〇〇〇年建立一个小康社会。……那时我们可以进入国民生产总值达到一万亿美元以上的国家的行列……国家总的力量大了……拿出国民生产总值的百分之五办教育，就是五百亿美元，现在才七八十亿美元。如果拿出百分之五去搞国防，军费就可观了，但是我们不打算这样搞，因为我们不参加军备竞赛，总收入要更多地用来改善人民生活，用来办学。"①

（三）"三个代表"重要思想与共同需要

"三个代表"重要思想是满足共同需要的深刻体现。中国共产党以江泽民为核心的第三代领导集体创造性地提出了"三个代表"重要思想。2001年7月1日，在庆祝中国共产党成立八十周年大会上，江泽民发表讲话全面系统地阐述了"三个代表"重要思想，即代表中国先进生产力的发展要求，代表中国先进文化的前进方向，代表中国最广大人民的根本利益。

第一，代表先进生产力的发展要求是进一步满足共同需要、提高人民生活水平的前提。生产力水平发展到一个新的层次，人们的共同需要也随之发生变化，而只有进一步发展先进生产力，才能满足人们的共同需要。"我们党要始终代表中国先进生产力的发展要求，就是党的理论、路线、纲领、方针、政策和各项工

---

① 《邓小平文选》第3卷，人民出版社1993年版，第161—162页。

作，必须努力符合生产力发展的规律，体现不断推动社会生产力的解放和发展的要求，尤其要体现推动先进生产力发展的要求，通过发展生产力不断提高人民群众的生活水平。"① 发展社会主义市场经济，发展先进生产力，为改善人民物质生活提供物质基础。

第二，代表中国先进文化的前进方向为丰富满足共同需要的内容奠定了基础。不仅物质生产力的提高丰富了共同需要的内容，而且文化建设也提升了共同需要的层次。从发展先进文化的层次推进共同需要是新时代的鲜明特征。"我们党要始终代表中国先进文化的前进方向，就是党的理论、路线、纲领、方针、政策和各项工作，必须努力体现发展面向现代化、面向世界、面向未来的，民族的科学的大众的社会主义文化的要求，促进全民族思想道德素质和科学文化素质的不断提高，为我国经济发展和社会进步提供精神动力和智力支持。"② 我们建设中国特色社会主义的各项事业，我们进行的一切工作，既要着眼于人民现实的物质文化生活需要，同时又要着眼于促进人民素质的提高。"物质贫乏不是社会主义，精神空虚也不是社会主义。社会主义不仅要使人民物质生活丰富，而且要使人民精神生活充实。"③ 这是马克思主义关于建设社会主义新社会的本质要求。

第三，代表中国最广大人民的根本利益是满足共同需要的高度概括。以满足共同需要实现人民的利益，是社会主义社会的本

① 《江泽民文选》第 3 卷，人民出版社 2006 年版，第 272 页。
② 《江泽民文选》第 3 卷，人民出版社 2006 年版，第 276 页。
③ 中共中央文献研究室编：《十四大以来重要文献选编》（下册），人民出版社 1999 年版，第 2277—2278 页。

质要求。"我们党要始终代表中国最广大人民的根本利益，就是党的理论、路线、纲领、方针、政策和各项工作，必须坚持把人民的根本利益作为出发点和归宿，充分发挥人民群众的积极性、主动性、创造性，在社会不断发展进步的基础上，使人民群众不断获得切实的经济、政治、文化利益。"① 最广大人民的根本利益是"三个代表"重要思想的主体和目的。不断发展先进生产力和先进文化，归根到底都是为了满足人民群众日益增长的物质文化生活需要，不断实现最广大人民的根本利益。满足人民的共同需要，实现最广大人民的根本利益，是我们党的一切工作的根本价值取向。"提高人民的生活水平，是改革开放和发展经济的根本目的。"② "不断提高人民生活水平，是我们党一切工作的根本出发点和归宿。"③ "要赢得群众拥护，最根本的是要把实现和维护好人民群众的利益作为我们一切工作的出发点和落脚点，努力使工人、农民、知识分子等基本群众共同享受到改革发展的成果。"④ 十六大对全面建设小康社会的民生美好图景进行了描绘：社会保障体系比较健全，社会就业比较充分，家庭财产普遍增加，人民过上更加富足的生活。全民族的思想道德素质、科学文化素质和健康素质明显提高，形成比较完善的现代国民教育体系、科技和文化创新体系、全民健身和医疗卫生体系。人民享有接受良好教育的机会，基本普及高中阶段教育，消除文盲。形成全民学习、终身学习的学习型社会，促进人的全面发展。

---

① 《江泽民文选》第 3 卷，人民出版社 2006 年版，第 279 页。
② 《江泽民文选》第 3 卷，人民出版社 2006 年版，第 27 页。
③ 《江泽民文选》第 3 卷，人民出版社 2006 年版，第 121—122 页。
④ 《江泽民文选》第 2 卷，人民出版社 2006 年版，第 444—445 页。

（四）科学发展观与和谐社会
构建中的共同需要思想

科学发展观是新时期党的领导集体遵循马克思主义的思想路线，坚持解放思想、实事求是、与时俱进的重大理论成果。2003年10月中国共产党十六届三中全会明确提出，坚持以人为本，树立全面、协调、可持续的发展观，促进经济社会和人的全面发展。在全面建设小康社会的背景下，以胡锦涛同志为总书记的党中央在准确把握世界发展趋势、认真总结我国发展经验、深入分析我国发展的阶段性特征的基础上，提出了全新的科学发展观。科学发展观的第一要义是发展，核心是以人为本，基本要求是全面协调可持续，根本方法是统筹兼顾。胡锦涛指出，坚持以人为本，就是要坚持发展为了人民、发展依靠人民、发展成果由人民共享，关注人的价值、权益和自由，关注人的生活质量、发展潜能和幸福指数，最终是为了实现人的全面发展。也就是说，关注社会发展中的人民的共同需要是落实科学发展观以人为本价值取向的重要内容。

2006年10月十六届六中全会通过了《中共中央关于构建社会主义和谐社会若干重大问题的决定》，《决定》指出："社会主义和谐社会，就是民主法治、公平正义、诚信友爱、充满活力、安定有序、人与自然和谐相处的社会。"其中，民主法治与公平正义是和谐社会的根本，是以人为本的体现。强调"始终把最广大人民的根本利益作为党和国家一切工作的出发点和落脚点，实现好、维护好、发展好最广大人民的根本利益，不断满足人民日益增长的物质文化需要，做到发展为了人民、发展依靠人民、发展成果由人民共享，促进人的全面发展"。落实科学发展观，构建和谐社会，最根本的就是要解决好人民群众最关心、最现实的利益问题，特别是劳动就业、国民教育、社会保障、收入分配等人民的生活问题。这些问题，无不涉及社会最基本的公平正义。而解决人民的共同需要问题是推动社会公平正义、构建和谐社会的基本条件，只有随着社会的发展不断地满足人民的共同需要才能促进社会和谐。党在十七大报告提出，必须在经济发展的基础上，更加注重社会建设，着力保障和改善民生，推进社会体制改革，扩大公共服务，完善社会管理，促进社会公平正义，努力使全体人民学有所教、劳有所得、病有所医、老有所养、住有所居，推动建设和谐社会。可见，满足人民的共同需要是落实科学发展观与构建和谐社会的要求与关键。

三、马克思主义共同需要思想
与西方基本公共服务理论

马克思主义者运用历史唯物主义的观点对共同需要问题的论述，既立足于现实，又着眼于未来，他们远远超出了西方理论家的思维空间。西方基本公共服务理论虽然随着社会关系的变化不断调整，但为私人资本发展提供基础条件和通过再分配缓和社会矛盾的本质是不变的。所以绝不能把马克思主义与西方资产阶级学说混同起来，抹杀它们之间的本质区别。我们在坚持马克思主义立场、观点和方法的同时，可以学习、借鉴西方学者对基本公共服务微观操作层面上的研究成果。

（一）西方基本公共服务理论的发展阶段

西方基本公共服务理论的发展大致经过了三个历史阶段，即基本公共服务概念形成阶段、基本公共服务的发展阶段和基本公共服务的改革阶段。

基本公共服务概念的形成是与德国新历史、英国社会改良主义及法国公法等学派学者的经济社会主张联系在一起的。德国新历史学派的杰出代表瓦格纳非常强调国家在促进经济发展中的作用，并且认为国家在为民众提供充分的社会福利方面发挥着重要职能。他指出，国家是最重要的"强制共同经济"，是自由经济的修正者和补充者，它不仅应该通过政府与法律维护国内秩序，而且应该通过社会政策增进民众的社会福利。他强调公共支出具有生产性，并初步提出了公共服务的概念。他指出："如果我们考虑财政经济中国家以及其他消费所需的支出经济的话，那就必须筹划国家需要中所支付的工资乃至薪俸，或直接使用于公共服务的，或为获得其他财货而必须预为筹措的财货或货币的部分。在整个国家需要中，这一部分特别叫做财政需要。"① 德国新历史学派的核心人物施穆勒、布伦坦诺等人认为，国家的公共职能应不断扩大和增加，国家政府除了具有维护社会秩序和国家安全、维护市场经济正常运作的作用外，还具有增强社会文化和福

---

① 转引自毛程连主编：《西方财政思想史》，经济科学出版社 2003 年版，第 123 页。

利的作用，国家应兴办一部分公共福利事业来改善国民的生活，调剂再分配渠道，以缓和阶级矛盾。他们主张通过社会立法，由国家强制推行社会保险制度，加强劳动保护，对贫困者提供社会救济。不可否认的是这些政策主张间接达到了保护劳动者、改善劳动者生存环境和增进劳动者福利的作用。

19世纪末20世纪初，英国改良主义学派对基本公共服务的实行起到了巨大的推动作用。霍布森提出了"最大社会福利"思想，他明确主张经济学要以社会福利为研究中心，人生的目的在于追求福利，福利的基础是财富。财富是由劳动、土地、才能、资本等共同生产出来的，在生产中，工人、资本家、企业主和地主的共同合作，创造了一种"非生产剩余"。政府应以课税的方式或政府独占的方式将这种剩余用于社会福利和发展公共事业，从而实现全社会物质生活条件的改善。费边社会主义倡导社会改良，强调重在务实的社会建设。他们认为劳动者的生活状况和福利待遇应随着社会的进步而得到较大的改善，他们在遭遇疾病、伤残、失业后，以及婴幼儿的健康成长和教育应得到政府和社会的关心和资助，国家应实行强制性的国民公共服务以改善国民素质。

早期国家理论认为，公法（主要指宪法和行政法）的主要作用在于明确界定和保护个人权利，以个人权利来制约和抗衡国家的公共权力。因而，国家只负责履行主权方面的职能，如司法、警察、国防、税收等等。后来，国家的使命逐渐扩大到教育、公共工程、卫生、就业、城市规划等方面。在这种背景下，作为法国行政法基础的公共权力的观念被公共服务的观念所替代。1912年，法国公法学者莱昂·狄骥明确提出"公共服务"

概念，并将其作为现代公法制度的基本概念。他指出："现代公法制度背后所隐含的原则，可以用这样一个命题来加以概括：即那些事实上掌握着权力的人并不享有行使公共权力的某种主观权利；而恰恰相反，他们负有使用其手中的权力来组织公共服务，并有保障和支配公共服务进行的义务。……国家再也不是一种发布命令的独立权力；而是某个由那些掌握着强制力的个人——他们必须要使用这些强制力来创设和管理公共服务——所组成的集团。公共服务的概念也就因此成为了现代公法的基本概念。"狄骥这样来定义公共服务："对一项公共服务可以给出如下定义：任何因其与社会团结的实现与促进不可分割、而必须由政府来加以规范和控制的活动，就是一项公共服务，只要它具有除非通过政府干预，否则便不能得到保障的特征。"①

公共服务的发展是与福利经济学、凯恩斯主义、福利国家、公共产品理论的出现联系在一起的。福利经济学的创始人庇古在1920年的奠基之作《福利经济学》中主张要用经济学作为改善人们生活的工具，他以马歇尔的均衡价格作为依据，构建出社会福利分析框架，并在此基础上提出了一系列重要的经济政策主张。他认为，福利系指个人获得的某种效用或满足，人性的本质就是追求最大的满足即最大的效用，而所有这些社会成员的这些满足或效用的总和便构成社会福利。据此，庇古提出了福利经济学的两个基本命题：第一，国民收入总量越大，社会经济福利就越大；第二，国民收入分配越是均等化，社会经济福利就越大。

---

① ［法］莱昂·狄骥著：《公法的变迁·法律与国家》，郑戈、冷静译，辽海出版社、春风文艺出版社1999年版，第446、53页。

这样，在庇古看来，为增进社会福利就需要在两个方面做出努力：一是为增加社会福利就必须增加国民收入量，即必须使生产资源在各个生产部门中的配置能够达到最优状态；二是通过税收把富人收入的一部分转移给穷人，整体的社会福利就会增大。因此，他主张：增加必要的货币补贴，改善劳动者的劳动条件，使劳动者患病、残疾、失业和年老时能得到适当的物质帮助和社会服务；向高收入者征收累进所得税，向低收入劳动者增加失业补助和社会救济，以实现收入的均等化，从而增加普遍的福利效果；实行普遍养老金制度，或按最低收入进行普遍补贴的制度，通过有效的收入转移支付实现社会公平，进而扩大一国的"经济福利"，达到社会福利最大化的社会目标。

1929—1933 年资本主义世界经济大危机背景下，凯恩斯在1936 年发表了《就业、利息和货币通论》。他批判了萨伊的"供给自动创造需求"的观点，提出了有效需求不足理论以及相应的国家干预理论。由于边际消费倾向递减、资本边际效率递减和心理上的流动偏好的作用，社会总需求小于社会总供给，宏观经济达不到均衡，导致经济危机和严重失业。而只有依靠国家干预才能使资本主义经济实现充分就业。在凯恩斯的国家干预思想中，他主张实行累进税、社会保障、最低工资立法、缩小贫富之间的差距等政策重新调节国民收入再分配。

1942 年，英国著名经济学家和社会活动家贝弗里奇向英国政府提交《贝弗里奇报告》。在这份报告中，贝弗里奇主张用一种崭新的、更加完善的社会保障制度将英国变为一个"福利国家"，使社会保险和福利体系覆盖全体英国公民，对每个英国公民，不分贫富，一律提供包括子女补助、失业津贴、残疾津贴、生活困难救济、妇女福利以及退休养老金等从"摇篮到坟墓"的完备的社会保险和福利项目。它从人们的需要出发，提出相应的对策，从而使社会保障理念开始突破原有的维护社会稳定、社会公正与发展经济的理念，而是以追求协调发展与可持续发展以及保障人权作为新的基调。社会保障制度也由以前的临时应急措施变成一种长期的协调发展战略：谋求与经济发展相结合，强调社会保障是经济和社会发展的重要支柱，而不是一种纯粹负担；社会保障的持续发展靠社会融合而不是社会排斥；社会保障是实现社会融合的重要手段。贝弗里奇报告不仅对英国社会保障制度的实施产生了重要影响，而且瑞典、芬兰、挪威、法国、意大利等国也纷纷仿效英国。从某种意义上来说，贝弗里奇报告成为战后西方社会保障制度建设的里程碑。

凯恩斯之后，长期占据西方经济学主流地位的是以萨缪尔森为代表的新古典综合学派。1954 年，萨缪尔森在 11 月号的《经济学和统计学评论》上发表了《公共支出的纯理论》一文，首次提出了"公共产品"的明确定义。他认为公共产品的特征是：任何人消费这种物品不会导致他人对该物品消费的减少。萨缪尔森认为，由于市场失灵的存在，市场经济中存在着不完全竞争、外部效应等生产或消费无效率的情况，必须通过政府干预，由政府提供公共产品以调节经济运行。因而，政府提供公共产品与公共服务具有提高市场效率、实现社会平等和稳定经济三个重要作用。"政府通过促进竞争控制诸如污染这类外部问题，以及提供公共产品等活动来提高经济效率。政府通过财政税收和预算支出等手段，向某些团体进行有倾斜的收入再分配，从而增进公平。政府通过财政政策和货币政策促进宏观经济的稳定和增长，在鼓励经济增长的同时减少失业和降低通货膨胀。"① 20世纪50年代末，马斯格雷夫出版了被奉为经典著作的《财政学原理：公共经济学研究》，首次引入公共经济概念。公共经济学的研究对象就是着眼于更好地满足社会成员的需要，怎样合理界定公共产品与私人产品的边界，稀缺的社会资源如何在公共产品和私人产品生产之间恰当配置，公共权力机构如何最有效地提供公共产品等问题。公共经济学认为，现代西方经济是市场与政府共同作用、私人部门与公共部门并存互补的混合经济；为了实现资源配置的帕累托最优，从而达到国民福利最大化目标，必须努力将私人部门和公共部门限制在各自合理的范围内，尽可能做到使市场与政府在作用领域里各得其所。

基本公共服务的改革与新自由主义、新公共管理、新公共服务及第三条道路等理论的出现与发展联系在一起的。新自由主义政治上以20世纪70年代末英国首相撒切尔夫人和80年代美国里根政府为其行为代言人，在公共服务领域，全面否定福利国家的普遍福利政策，强调以市场自由为主导，放弃国家干预，其主要主张体现为：增长是最好的社会政策，依靠市场经济本身的"滴漏效应"是有效提高穷人生活水平的途径；市场是资源配置的最好方式，福利市场化是最好的选择；国家的作用严格限制为提供最基本的福利。

新公共管理以现代经济学和私营企业管理理论和方法作为自己的理论基础，其思想集中体现在公共服务的社会化方面，提出

---

① ［美］萨缪尔森、诺德豪斯著：《经济学》（第17版），萧琛主译，人民邮电出版社2004年版，第28页。

把竞争机制引入到政府中来，倡导在公共服务中选择顾客导向的价值理念。新公共管理运动对传统的政府公共服务造成了巨大的冲击，不再将公共管理活动仅仅看作是政府的行政管理职能，也不是仅仅将公共管理活动等同于公共部门的管理活动，而是将公共管理看成是在公共产品与公共服务供给过程中，由多元主体共同组成的复杂网络的治理，是由公共部门、准公共部门及部分参与公共服务提供的私人部门共同对公共事务的处理。

21世纪初，美国等西方国家开始对新公共管理下的政府公共服务职能进行反思，对过分重视市场手段和效率提出了质疑。公共服务中的公民权利、人文主义和民主价值得到了凸现，这种新的政府服务理念被称为"新公共服务"。美国学者罗伯特·丹哈特和珍尼特·丹哈特对新公共服务进行了描述：第一，服务而不是掌舵。新公共服务理论认为，过去，政府扮演一个重要的角色是所谓的为社会掌舵。实际上，对公务员而言，需要承担的一个越来越重要的角色是帮助公民清晰、明白和满足他们共享的利益，而不是试图控制和为社会发展的新方向掌舵；第二，提供公共利益和公共服务是政府的主要目的和任务，但不是由政府自己参与生产或垄断公共服务来提供。新公共服务理论认为，公共行政人员必须建立一个集体共享公共利益的观念，目的不是在个人选择的驱动下，迅速找到解决的办法，而是创造一个利益共享、责任共担的机制；第三，战略性的思考，民主的行动。新公共服务提倡者认为通过集体的努力和周密的过程，政府制定满足公民需要的政策和项目，才是更具有效率和责任性的政府；第四，为公民而不是顾客提供公共服务。新公共服务理论认为，公共利益产生了关于价值共享的对话，而不是个体私利的集合。因此，公务员不是对"顾客"或"消费者"的需求做出反应，而是强调和市民之间建构一种协作与信任关系；第五，并非简单的责任与义务。公务员不仅要关注市场，而且要关注宪法和法律条文、社会价值、政治规范、专业标准和公民利益；第六，重视公民，而不仅仅将公民看成是生产力。从长远来看，如果公共部门在尊重人民的基础上，强调协作和共享公共政策的制定，那么在纷繁复杂的网络工作中，他们往往是成功者。通过这种方法来管理和组织，这就是新公共服务者所强调的"通过人民来管理"的方法；第七，重视公民关系，将公共服务的提供凌驾于"企业家关系"之上。新公共服务理论认为，通过公务员为公民提供公共服务，使公务员牢记如何为社会创造有意义的贡献，将公共利益得到更好的提升，政府管理者的行为强于企业管理者的行为，因为企业管理者是将企业的公共资金看成是他们自己的资本。

　　"第三条道路"的公共服务理论。20 世纪 90 年代以来，西方发达国家普遍采取了第三条道路理论。"第三条道路"指的是一种思维框架或政策制定框架，伦敦经济政治学院院长安东尼·吉登斯把"第三条道路"界定为社会民主的复兴，其意义在于试图超越老派的社会民主主义和新自由主义。在公共服务方面，第三条道路的倡导者主张要彻底改革福利国家制度，变消极的福利制度为积极的福利制度；将单纯压缩社会福利支出转向了公共服务的结构调整，改革的目的不是要削减福利方面的支出，而是要把更多的资源用于人力资本的投资方面；通过在风险与安全、个人责任与集体责任之间建立一种新型的关系，来应对全球化时代的新问题。

（二）西方基本公共服务发展演变原因

恩格斯在晚年指出，历史的发展是一个复杂的运动过程，是各种因素"交互"作用的结果。作为社会历史发展的产物，西方公共服务制度是西方国家政治、经济、社会、文化等多领域多因素"交互"作用的结果，既反映了人类一定阶段的发展要求，又反映了资本主义缓和矛盾、维护稳定的目的。

基本公共服务是人类社会发展到一定阶段的产物，西方基本公共服务的发展也是与生产与消费的发展联系在一起的。

首先，西方基本公共服务一定程度上是顺应生产社会化、工业化的推进而出现的。在社会生产力发展水平比较低时，就产生了社会成员之间的互助共济、社会救济等。但是，这些形式具有分散性、局部性、施舍性和偶然性等特点。大规模的、制度化的、集中统一的公共服务制度则是在工业化进程中形成的，工业化、生产社会化的发展使公共服务的发展既存在必要性，又具有可能性。从必要性来看：一是社会化的工业生产，摧毁了家庭、行业和地方性的福利保障功能，客观上要求实行统一的、社会化的福利保障。在以农业为主体的社会中，生产的狭小规模和社会结构的封闭形式，使经济和社会风险局限于家庭、行业和地方范围，使劳动力的福利需求通过家庭福利、行业保障和地方性的社会救助就能够得到满足。但在高度发达的工业社会，生产社会化的高度发展，弱化了家庭、行业的生产功能，突破了地区性经济封闭，使社会风险日益趋于社会化。在这种情况下，传统分散的社会福利形式，越来越难以满足劳动者的社会需求，因而客观上要求国家和社会提供统一的、社会化的基本公共服务制度；二是生产社会化发展对劳动力的科技文化素质和专业生产技能提出了更高的要求，客观上需要国家和社会采取统一的形式对此做出保障。工业化生产使生产社会化达到一个新的高度，表现为生产资料使用的社会化、生产过程的社会化和产品分配的社会化。生产的这种社会化趋势，无疑对劳动力自身的文化素质与生产技能提出了要求，要求劳动者必须具备高度协调性、集中组织性和专业技能性。在这种形势下，传统的分散社会福利形式无论在财力、物力，还是在智力等方面都难以满足需求，因而迫切需要由国家和社会统一举办大规模、集中化的国民素质教育和生产技能培训。从可能性来看，工业化生产使国家掌握了巨额税源，为公共服务的推行奠定了物质基础。工业革命促进了科学技术的巨大进步，推动了社会生产的巨大发展。马克思曾经指出，"资产阶级在它不到一百年的阶级统治中所创造的生产力，比过去一切时代创造的全部生产力还要多，还要大。"[①] 而资本主义国家通过税收，掌握了大量财源，使福利国家再分配功能的发挥和大规模转移支付政策成为可能。并且在资本主义工业化生产中，推行的是大规模的、高度集中的和标准化的机器流水线生产模式，这种模式造就了工人大致相似的生命周期，大致相似的社会需求和强烈的集体合作主义倾向。纵观基本公共服务的发展历程，可以看出，其是与资本主义工业化发展和工业社会的形成紧密相联的。加拿大学者 R·米什拉指出，"工业化国家在其漫长的历史过程中，建立起了精密的社会保障网络，这样的网络有助于维持生活

---

① 《马克思恩格斯选集》第 1 卷，人民出版社 1995 年版，第 276 页。

水平、提供社会稳定的基础并由此促进经济和技术的变革。"①
在工业化发展过程中，公共服务是一项经济和社会发展的基本政
策、公民的一项基本权利。

其次，西方基本公共服务的发展是生产发展中消费需求不断
上升规律的反映。1857 年，世界著名的德国统计学家恩格尔阐
明了一个定律：随着家庭和个人收入增加，收入中用于食品方面
的支出比例将逐渐减小，这一定律被称为恩格尔定律，反映这一
定律的系数被称为恩格尔系数。其公式表示为：恩格尔系数
（%）=食品支出总额/家庭或个人消费支出总额×100%。众所周
知，对食物的需求是人类生存的第一需要，在收入水平较低时，
其在消费支出中必然占有重要地位。随着收入的增加，在食物需
求基本满足的情况下，消费的重心才会开始向穿、用等其他方面
转移。因此，一个国家或家庭生活越贫困，恩格尔系数就越大；
反之，生活越富裕，恩格尔系数就越小。定理证明随着人们收入
水平的提高，消费需求将由以基本物质需求为主转向高层次物质
和精神需求为主；随着人们食物需求获得满足，人们对基本公共
服务需求将成为主要领域。受这个规律的推动，增加基本公共服
务的供给是必然的。根据美国经济学家罗斯托的"经济发展阶
段论"和"公共支出结构转换论"，适应人们需求的变动，政府
发展公共服务是必然趋势。在经济发展的中期和成熟阶段，教
育、卫生、安全、社会保障等更高层次的消费支出将出现较大的
增长。

---

① ［加］R·米什拉著：《资本主义社会的福利国家》，郑秉文译，法律出版
社 2003 年版，中文版序言第 1 页。

由政府提供的公共产品和公共服务，虽反映着生产社会化发展的要求，推动了西方发达国家公共服务的发展。但对于资本主义经济体来讲，它属于外围部分，而经济体的主体部分则是由资本主义私有制经济所组成。

西方基本公共服务的发展演变更是出于维护制度稳定、缓和社会矛盾的需要。资本主义提供公共服务的意愿很大程度上取决于维护制度稳定运行的最低需要。马克思指出"只要资本的力量还薄弱，它本身就还要在以往的或随着资本的出现而正在消逝的生产方式中寻找拐杖。而一旦资本感到自己强大起来，它就要抛开这种拐杖，按它自己的规律运动。"① 西方公共服务制度不过是资本摆脱困境的一种"拐杖"。瑞典著名社会民主党党员及经济学家冈纳·阿德勒—卡尔松曾写道：在瑞典，参与经济进程的各方面都已经认识到，最重要的经济任务就是设法使国家的"蛋糕"越来越大，而当情况与此相反时，即社会的不同阶级之间存在着激烈争夺的时候，我们相信这块蛋糕往往会在争夺中被弄得粉碎或者荡然无存，每个人也将因此一无所得。西方资本主义国家为了暂时消除社会矛盾、维护资本主义经济的发展，从缓解劳资矛盾冲突的角度制定和出台了相关的公共服务制度。对于不改变私有制的公共服务制度，马克思主义者认为这只不过是一种假面具。恩格斯曾经指出："千万不要以为'有教养'的英国人会公开承认这种自私自利。相反地，他用最可耻的伪善的假面具把它遮盖起来。怎么，难道英国的财主就不关心穷人？他们不是已经创办了其他任何国家都没有的慈善机关吗？呵，不错，慈

---

① 《马克思恩格斯文集》第8卷，人民出版社2009年版，第180页。

善机关！你们吸干了无产者最后的一滴血，然后再对他们施以小恩小惠，使自己自满的伪善的心灵感到快慰，并在世人面前摆出一副人类恩人的姿态（其实你们还给被剥削者的只是他们应得的百分之一），好像这就对无产者有了什么好处似的！这种布施使施者比受施者更加人格扫地；这种布施使得本来就被侮辱的人遭到更大的侮辱，要求那些被社会排挤并已失掉人的面貌的贱民放弃他最后的一点东西——人的称号；这种布施在用施舍物给不幸的人大打上被唾弃的烙印以前，还要不幸的人背躬屈膝地乞求！"①

从另一方面说，西方公共服务的发展是在不断扩张的资本主义经济中阶级斗争长期累积的结果。马克思曾指出：一般说来，社会改革永远也不会以强者的软弱为前提；它们应当是而且也将是弱者的强大所引起的。由于资本主义政府维护的是按资分配的收入分配制度，社会不断两极分化，从 19 世纪中期开始，作为商品价值唯一源泉的创造者——工人阶级却贫困不已，社会有效需求不断萎缩，造成资本主义不断发生相对过剩的经济危机。在资本主义经济危机的现实威胁下，加上工人阶级的斗争，资本主义政府也被动做出了一定让步，在收入分配中建立了反贫困法、社会保障等一系列有利于缓和阶级矛盾的收入分配政策，资本主义世界开始有了较大的发展和改善。"战后欧洲经济的增长建立在为赶超美国而进行的大规模生产基础之上，它产生了一个强大的劳工运动，要求更高的工资、更多的权利和社会保险，推动了

---

① 《马克思恩格斯文集》第 1 卷，人民出版社 2009 年版，第 478 页。

国家福利机构的建构，巩固了工人运动的成果。"① 西欧资本义国家通过公共服务和经济发展过程中的"民主化"形式，成功地缓解了资本义社会两大阶级之间的矛盾，造就了一种社会团结互助的"整体化"意识状态。在德国"铁血宰相"俾斯麦看来，构建社会福利体系是"一种消除革命的投资"。他声称光凭大棒政策难以实现资本主义的长治久安，"社会弊病的医治，一定不能仅仅依靠对社会民主党过火行为的镇压，同时也要积极促进工人阶级的福利。"② 并公开宣称，一个期待养老金的人是最安分守己的，也是最容易被统治的。

（三）马克思主义共同需要思想与西方基本公共服务理论的比较

马克思共同需要思想与西方基本公共服务的区别主要表现在：

第一，马克思主义的共同需要理论是为无产阶级和广大劳动人民服务的，西方理论家虽然打着各种各样的旗帜，而最终目的则是为资产阶级利益服务的。在阶级社会中，基本公共服务实质上体现的是特殊的阶级利益，是国家利益的虚幻形式。因此，无产阶级掌握政权的国家，共同需要是以满足无产阶级和广大劳动人民的需要为目的的，是无产阶级和广大劳动人民的利益需要。

---

① ［英］贝纳德·莫斯：《关于中国是'福利国家'的批评》，《中国社会科学内刊》2008 年第 4 期。
② ［英］克拉潘著：《现代英国经济史》（下册），姚曾庆译，商务印书馆1977 年版，第 245—246 页。

社会主义制度的目标是大力发展社会生产力的前提下最大限度满足人民物质文化生活需要，社会主义国家的基本公共服务是社会主义命题中的应有之义。而资产阶级统治的国家，其基本公共服务的实质即是资产阶级特殊的阶级利益，即为少数资产阶级获取利润提供服务的。英国保守党领导人巴尔福在 1895 年的大选中宣称，"在我看来，社会立法不仅不同于社会主义立法，而且是它的对立物和最有效的解毒药。"

第二，资本主义和社会主义国家在基本公共服务的提供意愿和提供强度方面有不同的价值目标。资本主义国家提供公共服务意愿的强度在很大程度上取决于市场失灵、维护制度运行的最低需要。其基本公共服务的出台导源于资本主义社会复杂的社会问题和社会危机，往往是处于社会压力、甚至是社会阶级斗争的结果。即使经过多年的实践，资本主义国家基本公共服务体制与手段有了改进，开始向系统化管理方向发展。但制度上的固有缺陷仅仅依靠基本公共服务是解决不了的。基本公共服务制度的出现在一定程度上只是资本主义的自我修正，基本公共服务手段必然会与其制度发生摩擦，这种摩擦一直困扰资本主义社会。马克思主义的共同需要理论侧重于从本质上说明基本公共服务的原因，社会主义的基本价值认同是人的发展，它比任何剥削社会更关心和重视广大人民群众的生存权和发展权。因此在生产力水平允许的范围内，对维持人的生存尊严和促进人的全面发展方面所必须的产品和服务都应设定为公共产品和服务，而不是以市场失灵为设定标准。在社会主义革命时期和过渡时期，虽然社会还不富裕，但是革命和改革以保障全体社会成员基本的生存权和发展权为目的，社会主义公共服务是社会主义本质在人们观念上的反映和要求，指导着社会主义前进的方向，体现着社会主义的本质。

当然，马克思主义的共同需要思想与西方资产阶级的基本公共服务观并不是完全割裂的，他们之间也有着某种继承和相通的关系。作为社会制度的基本公共服务制度是工业化和社会化发展的历史产物，是社会现代化的重要制度层面。资本主义社会可以利用公共服务机制来改善国民生活质量，社会主义社会为何不可？而且，从社会主义制度优越于资本主义制度的角度看，社会主义社会应该比资本主义社会更加旗帜鲜明地改善人民生活质量和提高社会的整体质量。社会主义与资本主义在基本政治制度、经济制度上有着本质的区别，我们决不能把反映资本主义国家经济政治制度的思想理论整体照搬过来，对于其中反映社会化大生产和市场经济一般规律的理论，也要立足于我国国情，通过分析借鉴和吸收，使其成为能与我国社会主义制度有机结合而不相抵触的有益成分。建设社会主义现代化，需要学习和借鉴一切人类文明的优秀成果，这是发展马克思主义的一个重要条件。西方基本公共服务理论是在为私有制服务的大价值观体系之下的微观层面上的操作文化，但我们可以学习、借鉴西方学者的研究成果，这并不违背马克思主义。但是，决不能把马克思主义与西方资产阶级学说混同起来，抹杀它们之间的本质区别。陈岱孙教授也指出：作为一个整个理论体系，现代西方经济学不能成为我们研究、制定我们经济、社会发展的指导思想，却不等于说当代西方经济学中没有什么值得我们参考、借鉴的地方。在若干主要方面，现代西方经济学的研究对于促进我们经济建设现代化是有用的。

第二章 新中国成立以来基本公共 服务建设的历史考察

在马克思主义共同需要思想的指导下，新中国成立以来，基于特定的时代背景，我国在基本公共服务制度方面进行过许多有益的实践探索，积累了大量的经验。因此，认真分析、系统总结这些经验对于我们制定社会主义基本公共服务新体制具有非常重要的意义。新中国基本公共服务制度的历史分为两个大的阶段：以1978年为界，之前实行的是与社会主义计划经济体制相适应的基本公共服务制度，之后是我们正在试图建立的与社会主义市场经济相适应的基本公共服务制度。与社会主义计划经济相适应的基本公共服务制度的建立，在当时的条件下使人们普遍享有了基本教育医疗等基本公共服务，对中国社会产生了广泛而深远的影响。改革开放后，旧的基本公共服务体制被打破，与社会主义市场经济相适应的基本公共服务体制的构建在摸索中不断前进。

一、改革开放前我国基本 公共服务的实践探索

1949年中华人民共和国成立伊始，新中国的基本公共服务

制度建设也相继开始。在计划经济条件下，就社会经济活动的全面发展和满足人民物质文化生活需要进行了整体安排和相互协调，我国建立了一套与当时经济体制相适应的基本公共服务制度。城市以单位、农村以人民公社为基本载体的基本公共服务制度，对保障人民生活、促进经济发展起到了重要作用。受当时生产力发展水平的影响，基本公共服务不可能得到全面的安排，人们享受到的基本公共服务的内容和质量非常有限。但人们能普遍地享有这些服务，实践效果也比较好，取得了超出其经济水平的成就。

（一）改革开放前我国基本公共服务的实践

任何制度都不是孤立存在的，基本公共服务制度的生成是与计划经济联系在一起的，而且积极地促进和推动了计划经济的发展，所以需要将基本公共服务变迁与经济体制结合起来进行分析。

1949 年中华人民共和国成立之时，全国工农业总产值只有466 亿元，人均国民收入为 66.1 元，在工农业总产值中，农业总产值比重为 70%，工业总产值比重为 30%，而重工业产值占工农业总产值的比重仅为 7.9%。与此同时，中国经济社会发展缺乏良好的外部经济联系，以美国为代表的西方国家实施了一系列措施在政治经济上孤立中国大陆。这种状况使新中国的第一代领导人明确地意识到，迅速恢复和发展经济是关系国家和政权生死存亡的头等大事。从当时的发展阶段和知识水平看，实现以重工业为主体的工业化是发展经济、摆脱贫困的出路。"一五"计划明确指出："社会主义工业化是我们国家在过渡时期的中心任务，而社会主义工业化的中心环节，则是优先发展重工业"，重工业优先发展战略正式确定下来。重工业的发展需要大量的资本投入，而在中国开始经济建设的初期，不仅资本稀缺，而且经济剩余少，并分散在广大的农村，因而筹资能力很弱。这种状况与国家发展重工业的要求极不适应。为了便于在短时间内进行资本的集中，发展重工业需要实行一套不同于市场机制配置资源的宏观政策环境，即实行计划经济体制。具体地说，就是要人为地降低发展重工业的成本，包括为重工业发展提供廉价的劳动力、资金、原材料，以及进口的设备和技术。较低的工资水平可能不足以购买其生活所必需的消费品和服务，劳动力再生产将会在萎缩的状态下进行，会引起社会的不安定，也影响重工业的劳动供给。解决这一问题的办法就是实行农产品和其他生活必需品、服务的低价政策，降低劳动力再生产的费用，使之与低劳动报酬相适应。这类生活必需品包括食品、日用品、住房、医疗、教育、生活用能源及各种生活服务等。由于大工业集中在城市地区，因此这种低生活费用的优惠政策是按地区而有所区别的，农村人口不享受在农产品价格、医疗、教育、住房以及城市公用设施收费方面的这种优惠待遇。因此，在全社会范围内形成了基本公共服务体系的"二元结构"特征，城乡基本公共服务的具体目标、内容和实现的方法也有所不同。具体地看，二元基本公共服务主要体现在社会保障、医疗、教育等领域。

1. 社会保障领域的城乡二元结构。计划经济时期，基本公共服务制度的制定与实施与单位相连，城镇居民以"单位人"

的身份出现，其享受到的基本公共服务与单位紧密联系在一起。1949 年 9 月全国政治协商会议通过了《中国人民政治协商会议共同纲领》，以此为法律依据，1951 年 2 月政务院颁布了《中华人民共和国劳动保险条例》，这是新中国成立后我国在社会保险制度方面第一个重要措施和法令。条例规定首先在职工人数 100 人以上的国营、公私合营、私营及合作经营的工厂、矿山及其附属单位实施劳动保险，铁路、航运、邮电的各企事业单位及其附属单位也应实行。1953 年 1 月政务院又通过了《中华人民共和国劳动保险条例若干修正的决定》，进一步扩大了劳动保险的实施范围，扩大到原已实行以外的国营厂矿、企业以及交通事业的基本建设单位和国营建筑公司。到 1956 年，劳动保险实施的范围更进一步扩大到商业、外贸、粮食、供销社、金融、民航、石油、地质、水产等 13 个产业和部门，初步创立了以国家为责任主体，面向城镇居民的基本社会保障制度。从此，全国广大职工在生、老、病、死、伤、残，暂时或永久地丧失劳动能力时，可以得到生活保障。同时，他们供养的直系亲属也可享受到一定的保险待遇。为适应形势的发展，根据中国经济建设的实际情况，国家对原社会保障制度中不明确的地方做出了较为详细的规定。1958 年 2 月和 3 月，分别公布了《关于工人、职员退休处理的暂行规定（草案）》和《关于工人、职员退职处理的暂行规定（草案）》，主要是放宽退休条件，适当提高了退休的待遇标准，并实行了企事业单位和国家机关职工统一的退休制度。1969 年 2 月，财政部颁发了《关于国营企业财务工作中几项制度的改革意见（草案）》，规定"国营企业一律停止提取工会经费和劳动保险金"，"企业的退休职工，长期病号和其他劳保开支，一律改在企业营业外列支"。由此，劳动保险由原来的社会事务演变为职工所在单位的内部事务。

在农村，自从 20 世纪 50 年代初农业合作化运动兴起以来，农户独家经营的局面让位于集体经营，合作化的层次越来越高，范围越来越广，到 1958 年建立了人民公社，几乎所有农民都成了社员。人民公社作为集体经济组织，不仅组织农民统一劳动，也负责为农民提供社会保障，农村的社会保障主要体现在农村的社会救助方面。内务部于 1952 年 5 月发布了关于生产救灾工作领导方法等几项指示。1957 年 9 月，国务院发出了《进一步做好救灾工作的决定》，就救灾工作的组织领导、救灾款的应用、发挥农业生产合作社在救灾工作中的作用等提出具体要求。1962 年 9 月八届十中全会通过的《农村人民公社工作条例修正草案》中规定："对于生活没有依靠的老、弱、孤、寡、残疾的社员，遇到不幸事故生活发生困难的社员，实行补助。对于生活困难的烈士家属、军人家属、残废军人，给予适当的优待"。"生产队可以从可分配的总收入中，提留一定的公益金，作为社会保险和集体福利事业的费用，提留多少，由社员大会讨论决定，不能超过可分配总收入的 2%—3%"。在人民公社体制下，全国大部分乡村普遍建立了低水平的以救济为主要内容的社会保障制度。

2. 医疗卫生领域的二元结构。1950 年 8 月，第一届全国卫生工作会议确定了"面向工农兵、预防为主、团结中西医"的卫生工作三大方针，1952 年 12 月，第二届全国卫生工作会议增加了"卫生工作与群众运动相结合"的内容，形成中国卫生工作的四大方针。面向工农兵，既体现了新中国公共卫生工作根本性质是由社会主义根本制度决定的，又表明了新中国公共卫生工作永远不要忘记和背离为广大工农兵服务的根本方向；预防为主是最科学的卫生工作方法，与病后治疗相比成本费用低，效果好，会使大多数人受益；新中国开始提倡的中西医结合的路子是非常科学有效的，因为中医与西医分属两种不同的医学体系，各有长短与优劣，将这两种医学结合起来，在疫病防治方面它可以解决许多单纯任一科所解决不了的问题，更有利于人民的健康事业；卫生工作与群众运动相结合，形成了既符合公共卫生工作本身规律，又具有鲜明中国特色的卫生防疫工作的方法，也是我国卫生工作取得显著成效的重要因素。在总的卫生工作方针的指导下，基本医疗在城市和农村的探索也实行两套不同的体制。

城镇基本医疗保障主要由劳保医疗和公费医疗两部分构成，1951年《中华人民共和国劳动保险条例》的颁布，标志着我国劳动医疗保健制度的确立，规定全民所有制和劳动群众集体所有制企业职工享有劳保医疗。1953年修订的劳动保险条例对职工的医疗、工伤、养老、生育待遇等作了全面细致的规定：职工疾病或非因工负伤，医疗费、诊疗费、手术费、住院费及普通药费由企业行政方面负担，贵重药费、住院膳食费和就医交通费由个人自理；职工因病或非因工负伤治疗期间，半年内按其在本企业工龄长短发给60%—100%的病假和伤假工资，半年以上发给本人工资40%—60%的救济费。1952年6月，《关于各级人民政府、党派、团体及所属事业单位的国家工作人员实行公费医疗预防措施的指示》对公费医疗制度做了规定。全国各族人民政府、党派、工、青、妇等团体，以及文化、教育、卫生等事业单位的工作人员和残废军人，逐步实行公费医疗制度。除享受劳保医疗的企业职工家属可享受半费医疗外，公费医疗待遇与劳保医疗总体上基本相同，不同的是公费医疗由财政部按规定的人均定额支付，各地区负责统一管理使用，劳保医疗费用则在企业职工福利费中列支。

农村卫生医疗事业的发展是与农村合作医疗体系联系在一起的。1951年，卫生部在《农村卫生基层组织工作具体实施办法（草案）》中提出了卫生保健的基本服务内容。1957年，卫生部在《关于加强基层卫生组织领导的指示》中明确指出"基层卫生组织是社会主义性质的卫生福利机构，主要任务是担负医疗预防、卫生防疫、妇幼卫生、卫生宣传教育等工作"。50年代中期，很多合作社开始实验性的、为解决农民医疗保健而建立起合作筹措资金及支付体系。由于合作医疗制度在执行疾病预防方面非常有效，1959年11月，卫生部在山西省稷山县召开的全国农村卫生工作会议，对农村合作医疗形式给予肯定，会后卫生部形成了《关于农村卫生工作现场会议的报告》，从此，农村合作医疗制度在我国广大农村进一步兴起和发展，这对解决农民的医疗保险起到了重要作用。1965年毛泽东同志发表了著名的"六·二六"讲话，做出了"把医疗卫生工作的重点放到农村去"的重要指示，此后全国农村以短期速成、复训提高的方式培养了大批的"赤脚医生"，向农民提供初级卫生保健服务。1966年毛泽东批示了湖北省长阳县乐园公社合作医疗的经验，到1976年为止，大约93%的人民公社建立了合作医疗制度。农村合作医疗制度采取的是医生的劳动报酬由集体经济组织支付，治疗费用由农民和集体经济组织共同负担，每人每年交几角钱，看病时只交药费不交挂号、出诊、换药费等。合作医疗对解决农民缺医少药状况、提高农民健康与生活水平发挥了巨大作用，1978 年，合作医疗制度列入全国五届人大通过的《中华人民共和国宪法》。

3. 基础教育领域的二元结构。基础教育作为一种提供一些基础性知识和技能的教育，建国后受到党和政府的重视。早在 1949 年 9 月拟定的《中国人民政治协商会议共同纲领》中就已提出，要"有计划有步骤地实行普及教育"。1951 年 8 月，教育部召开的第一次全国初等教育及师范教育会议明确提出，从 1952 年开始，争取 10 年内基本普及小学教育。1956 年最高国务会议通过的《1956—1967 年全国农业发展纲要（草案)》中规定："从 1956 年开始，按照各地的情况，分别在 7 年和 12 年内普及小学义务教育。"1957 年 11 月，中共中央文教小组召开听政会，会议指出，采取办全日制、二部制、业余小学等各种学校的办法，力争在第二个五年计划期间普及小学教育。在第三个五年计划期间，通过办全日制、二部制、农业中学、业余中学、广播学校等途径，力争普及中学教育。1961 年 12 月，中共中央批转中央文教小组《关于 1961 年和今后 个时期文教工作安排的报告》，在经济暂时困难时仍坚持提出，要有计划地、积极地普及适龄儿童的小学教育。在普及教育的过程中，政府在城市和乡村实施的政策是不同的，政府的财政拨款是城镇学校经费的主要来源，而且政府也实施了包括对城镇厂矿企业办学的财政优惠政策，在国家的大力扶持下，城镇的义务教育得到了发展。而农村，政府提出允许依靠群众力量办学，发展民办学校。所谓民办学校主要指由农民和社队集资、献工献料而非政府拨款举办的学校。1960 年财政部、教育部颁发的《关于人民公社社办中、小学经费补助的规定》中强调，社办小学应力求自力更生，经费筹措办法可以多种多样，如公社可以从公益金中抽取一定的比例，也可以向学生收取杂费、分摊工分或拨给学校一定土地、组织劳动获取收入等。即使国家也给予补助，但主要是对山区、少数民族地区或严重遭灾地区进行的临时补助或定期补助。农村教育虽然有了一定的发展，但没有政府经费保证的教育很难达到普及的目标。

（二）改革开放前我国基本公共服务
取得的成就与评价

计划经济时期我国基本公共服务形成了主要包括国家、企业和农村集体经济组织参与实施的供给体系。总体上看，基本公共服务的存在和发展完全由国家控制。国家作为基本公共服务的责任主体，在法律和政策规定的范围内，以中央财政为经费来源，同时运用行政权力，对满足共同需要的基本公共服务资源实行自上而下的指令性配置，满足人和社会生存和发展的需要。国家通过财政拨款对国家机关及企事业单位人员的共同需要直接负责，并敦促企事业单位实现对职工的基本公共服务保障。满足无依无靠、无家可归、无生活来源的"三无"及孤寡老人、孤残儿童、残疾人和精神病人等特殊人群的共同需要是通过中央财政拨款，由相应的政府机构组织实施的。

在城市，政府将满足共同需要的基本公共服务交给企事业单位去执行，基本公共服务的很多方面都包含在企事业单位和党政机关的职工福利中，形成了以企业为中心的基本公共服务制度。政府制定基本的法规和政策，企业按照政府的规定具体落实职工的就业、住房、医疗、教育等各项基本公共服务制度，也负责管理国家提供的劳动保险、福利、社会保险等。政府为企业提供和拨付资金，由机关、企事业单位组织实施，并提供各种各样的补贴、补助、贷款。国家通过单位为职工提供的基本公共服务使职工及其家属的共同需要得到了一定程度的满足，这种主要以企业为中心的基本公共服务，被国外学者称为"广泛的社会文化福利"。

在农村，政府将满足共同需要的基本公共服务制度交给农村集体经济组织去实施和落实，如同城市的单位基本公共服务一样，农村的基本公共服务本质上也是单位基本公共服务，而不是社会基本公共服务。同样是由政府制定规则，由农村的集体经济组织承担对本社队无劳动能力、无生活来源、无法定抚养义务人或虽有法定抚养义务人但义务人无抚养能力的老年人、残疾人和未成年人的"五保"供养。农村集体经济组织还承担着对本社队贫困户的扶持照顾和救济等工作。在集体经济的基础上，建立了农村基础教育体系和农村公共医疗卫生体系。特别是以社队为基础进行筹资和组织的农村合作医疗制度是中国基本公共服务的一项创举，被世界卫生组织和世界银行誉为"以最少投入获得了最大健康收益"的"中国模式"。它是在没有政府对农村基层卫生机构财政拨款的情况下，主要依靠生产队公益金提取、农民缴纳保健费来保证经费来源，实现"合医合防不合药"的预付制的社区医疗模式。但是政府通过对医疗服务、医疗资源供给等方面的控制和垄断，对合作医疗起到了支撑作用，如政府出资迅速建立起以县医院为龙头的包括公社和生产大队医疗机构的农村卫生网络，控制所有的医疗服务供给渠道、控制所有药品供给渠道和药品价格，资助地方病的预防，负责培养农村医生，对于经济困难的社队国家给予必要的扶植等。

在国家、企事业单位和农村集体经济组织配合下，基本公共服务建设取得了明显的成效。

1. 社会保障制度方面，形成了包括社会保险、社会救助、社会福利、社会优抚等在内的完整的社会保障制度。社会保险是社会保障制度的核心内容，根据《中华人民共和国劳动保险条例》和《关于中华人民共和国劳动保险条例若干修正的决定》，有关企业单位职工的社会保险制度初步建立并得到发展。据统计，全国实行劳动保险制度的企业职工人数逐年增加，1951 年为 269 万人，1952 年为 330 万人，1953 年为 420 万人，企业为 4400 多户；签订集体合同的单位有 4300 多户，职工 73 万多人。1956 年，实行劳动保险的职工人数达到 1600 万人，签订集体合同的职工有 700 多万人，合计相当于当年国营、公私合营、私营企业职工总数的 94%。① 根据建国后颁布的单项法规，如《革命工作人员伤亡抚恤暂行条例》、《关于全国人民政府、党派、团体及所属事业单位的国家机关工作人员实行公费医疗预防措施的指示》、《国家机关工作人员退休处理暂行办法》等，国家工作人员的社会保险制度初步建立起来。

社会救助作为社会保障的重要组成部分，在建国后得到了很大发展。1949 年全国失业的工人、手工业者和知识分子约有 400 余万，占当时城镇社会劳动力 1533 万人的 26% 以上，失业率创

---

① 转引自郑功成等著：《中国社会保障制度变迁与评估》，中国人民大学出版社 2002 年版，第 80 页。

历史纪录。还有不少工人处于半失业状况，更有大量难民流浪街头。面对这种形势，1950 年 4 月，中央人民政府组织召开了中国人民救济代表会议，讨论了救济工作的方针政策。并且救济政策措施随着形势的变化发展不断调整，救济工作成效显著。在城市，针对不同群体采取了区别对待的办法实施救济。1952 年全国 152 个城市经常得到救济的有 120 余万人。从 1953 年到 1957 年国家共支出城市社会救济费 1 亿多元，救济了 1000 多万人。1961 年到 1963 年城市得到救济人数连续增加，三年分别是 51.7 万人次，266.8 万人次，332.5 万人次。在农村，实施了发放救济款、组织群众互助互济、减免农业税等社会救助政策，促进了生产的恢复和发展。从 1950 年到 1954 年国家共发放 10 亿元农村救灾救济款，同时还发放了大量的救济物资。受 1958 年"大跃进"左倾错误和严重自然灾害的影响，农村生活普遍困难，很多农户口粮不够吃，为此，国家从 1960 年到 1963 年共计拨发农村社会救济款和灾民生活救济款 23 亿元，超过了 1950 年到 1959 年 10 年间农村救灾救济款的总和。"文革"期间，党和国家的各项工作均遭受了巨大损失，社会救济工作受到影响，但党和政府在一定程度上仍坚持进行社会救济，10 年间国家累计拨发灾民生活救济费 30 多亿元。另外，农村社队和城镇企业单位也承担了对社员和困难职工给予救济补助的责任。①

　　社会福利在城市和农村均得到了发展。1949—1957 年，国家在社会福利方面制定了一系列政策法规，对发展职工福利事业

---

　　①　参见多吉才让著：《中国最低生活保障制度研究与实践》，人民出版社 2001 年版，第 54 页。

的方向和原则作了规定。国家企事业单位着手建立职工福利机构和设施，为职工生活提供方便。企业举办托儿所、幼儿园、图书馆、俱乐部、影剧院等其它福利设施，改善了职工的生活。随着农村合作化层次的提高，农村社员通过农村集体分配方式获取了有关福利，农村集体的统一分配主要以人口为主，劳动贡献的多寡仅占次要地位，同一个生产队的社会成员无论男女老幼，其所得的分配额大体接近，这是一种具有福利性质的分配方式。可以说，国家企业和集体的福利政策惠及了大部分社会成员。另外，在优抚安置工作方面，为解决大批伤残军人、牺牲病故军人及其家属的保障问题，国家陆续颁发了有关的法规，使这一工作制度化、统一化。

2. 医疗卫生工作取得的成就。新中国一成立，党和政府就高度重视人民的身体健康和生命安全问题，把发展卫生事业、"一切为了人民的健康"作为党和政府工作的一项重要任务。建国初期我国可利用的卫生资源是非常有限的，1949 年建国前，全国仅有卫生机构 3670 个，其中，各级各类医院 2600 个，门诊所 769 个，医院床位 8 万张（见表 2-1），传染病、地方病、寄生虫病则长期严重威胁人民的生命和健康，仅血吸虫病、疟疾、丝虫病患者即高达 7000 万人，人口死亡率为 25%，人均寿命只有 35 岁。尤其是旧中国的农村医疗卫生基础极度落后，全国 2100 多个县，每个县平均不到一个卫生院，不足 10 个病床。1950 年 8 月，第一届全国卫生工作会议做出了《关于健全和发展全国卫生基层组织的决定》，决定要求城市的每个街道和农村的每个乡都要有一个医疗卫生机构，提出县设卫生院、区设卫生所、行政村设卫生委员、自然村设卫生员的新中国农村医疗卫生组织形式。首先有计划地建立和健全县（旗、自治县）级医疗机构，同时责成县卫生院负责承担并指导全县的公共卫生工作。此后，卫生部先后下发了《关于组织联合医疗机构实施办法》、《县卫生院暂行组织通则》、《县属区卫生所暂行组织通则》，推动广大县域逐步形成以医疗为中心，面向农村的县、乡、村三级医疗卫生网，大部分传染病控制都由公共部门管理，其筹资、治疗、人员培训等都是由公共部门来完成，有效地控制了许多当时肆虐的传染病。到 1952 年底，全国已有县医院（卫生院）2123 所，病床 37467 张。人民公社化后，农村的合作医疗制度得到很快发展，到 1978 年，我国有赤脚医生 470 多万人，卫生员 160 多万人，农村合作医疗制度覆盖 90% 以上农村人口，农村居民健康状况得到很大改善。同年，合作医疗制度列入全国五届人大通过的《中华人民共和国宪法》。城市的卫生服务体系也逐渐建立，不仅省、市、区政府管辖一定数量的医疗卫生机构，并负责其财政保障，而且，一些规模较大的企业也建立医疗卫生机构，城市的劳保医疗和公费医疗基本覆盖了城镇职工人群。同时，以应用预防医学为城乡人民群众服务的社会主义卫生防疫事业，较快消灭和控制了严重威胁人民健康的多种疫病，大大提高了中国人民的健康水平，并全面推广"早预防、早发现、早诊断、早治疗"的经验，把现代卫生体制纳入社会经济发展的总体目标，为后来卫生事业的发展打下了良好的基础。经过建国后三十年的发展，全国的医疗水平有了较大的提高，每千人口医生数从 1949 年的 0.67 人提高到 1978 年的 1.08 人；每千人口医院卫生院床位数从 1949 年的 0.15 张提高到 1978 年的 1.93 张。

表 2-1　改革开放前全国卫生机构发展情况

年份	公共卫生机构数（个）		卫生机构人员数（万人）			机构床位数（万张）		
	各类卫生机构总计	其中：医院	卫生技术人员	其中：医生	每千人口医生数（人）	各类卫生机构床位数总计	其中：医院	每千人口医院、卫生院床位数（张）
1949	3670	2600	50.5	36.3	0.67	8.5	8.0	0.15
1952	38987	3540	69.0	42.5	0.74	23.1	16.0	0.28
1955	67725	3740	87.4	50.5	0.81	36.3	22.1	0.81
1960	261195	7484	150.5	59.6	1.04	97.7	60.9	1.04
1965	224266	5746	153.2	76.3	1.05	103.3	63.4	1.06
1970	149823	8254	145.3	70.2	0.85	126.2	73.3	1.33
1975	151733	8399	205.7	87.8	0.95	176.4	97.8	1.73
1978	169732	9405	246.4	103.3	1.08	204.2	110.9	1.93

资料来源：《中国统计年鉴（2008）》。

3. 在计划经济体制下，我国的基础教育得到了很大的发展。

表 2-2　改革开放前我国各级各类学校发展情况（单位：万人）

年份	普通小学		普通中等学校						普通高等学校
			普通中学				中等专业学校		
	在校生	专任教师	初中		高中		在校生	专任教师	在校生	专任教师
			在校生	专任教师	在校生	专任教师				
1949	2439.1	83.6	83.2	5.3	20.7	1.4	22.9	1.6	11.7	1.6
1952	5110.0	143.5	223.0	8.1	26.0	1.3	63.6	3.5	19.1	2.7
1955	5312.6	159.4	332.0	12.3	58.0	2.6	53.7	3.5	28.8	4.2
1960	9379.1	269.3	858.5	34.6	167.5	8.0	221.6	14.2	96.2	13.9
1965	11620.9	385.7	803.0	37.9	130.8	7.8	54.7	5.5	67.4	13.8

续表

年份	普通小学		普通中等学校						在校生	普通高等学校
			普通中学				中等专业学校			
	在校生	专任教师	初中		高中		在校生	专任教师		专任教师
			在校生	专任教师	在校生	专任教师				
1970	10528.0	361.2	2292.2	102.3	349.7	15.1	6.4	3.9	4.8	12.9
1975	15094.1	520.4	3302.4	156.2	1163.7	53.0	70.7	7.3	50.1	15.6
1978	14624.0	522.6	4995.2	244.1	1533.1	74.1	88.9	9.9	85.6	20.6

资料来源:《中国统计年鉴（2008）》

　　解放前，我国文化教育十分落后，在人口总量中，80%是文盲，学龄儿童入学率只有20%左右，各级各类学校在校生仅占全国人口的5.6%。1949年，普通高等学校在校生11.7万人，教师1.6万人，普通中学在校生126.8万人，教师8.3万人（其中中等专业学校22.9万人，教师1.6万人，普通中学103.9万人，教师6.7万人），普通小学在校生2439.1万人，教师83.6万人。可以说，当时落后的经济基础决定了落后的教育基础。解放后，随着我国国民经济的恢复和发展，教育事业也获得了迅速发展。1978年，全国共有各级各类学校在校生22136.6万人，是1949年的8.6倍。其中普通高等学校在校生85.6万人，教师20.6万人，普通中等学校在校生6637.2万人，教师328.1万人（其中，中等专业学校在校生88.9万人，教师9.9万人，普通中学在校生6548.3万人，教师318.2万人），普通小学在校生14624.0万人，教师522.6万人（见表2-2）。70年代末80年代初，中国城市的文盲率为16.4%，农村的文盲率为34.7%。相比之下，印度、巴西、埃及的城市文盲率分别为 34.9%、16.8%、39.7%，农村文盲率分别是 67.3%、46.3%、70.6%，中国的基础教育在后发国家走在了前列。教育事业的迅速发展，不仅大大提高了劳动者的文化素质，而且为经济的发展培养了合格和高素质的劳动者，提高了劳动生产率，为社会主义建设奠定了基础。

表 2-3　建国以来教育投资的基本状况

	教育投资（亿元）	社会总产值（亿元）	教育投资占社会总产值比例（%）	国民收入（亿元）	教育投资占国民收入比例（%）	财政支出（亿元）	教育投资占财政支出比例（%）
"一五"时期	95.59	7247	1.31	4035	2.33	1345.6	7.03
"二五"时期	142.95	11143	1.28	5480	2.61	2288.7	6.25
"三五"时期	88.76	6919	1.28	3553	2.50	1204.9	7.37
1963—1965	157.46	15468	1.02	8031	1.96	2518.9	6.25
"四五"时期	224.5	23613	0.95	11382	1.97	3919.6	6.73
"五五"时期	392.32	34420	1.14	15119	2.60	5246.5	7.48

资料来源：王善迈：《我国教育投资比例的历史分析》，《北京师范大学学报》1987 年第 5 期。

　　改革开放前，教育、基础教育领域取得的成就与政府的投资是分不开的。随着我国教育规模的不断扩大，党和政府在教育方面的投入也不断加大（见表 2-3），这是教育对国民经济发展具有越来越大作用的一般规律的认识的反映。在现代科学技术进步的条件下，经济的发展不再只是靠生产资料和劳动者数量的增加，而主要依靠生产资料和劳动者质量的提高，主要依靠科技及其在生产中的广泛应用。科学技术是强大的生产力，而教育是科学技术发展的重要基础。科学技术的生产和再生产都有赖于教育的发展，有赖于教育的普及和提高。要使经济更快的发展，必须大力发展教育事业，必须增加教育投资。

对建国后计划经济体制下的基本公共服务制度的评价，应该坚持用马克思主义的立场、观点和方法，来认识问题、分析问题，以实事求是的态度，从中国特定的历史条件和国情出发认识基本公共服务制度，而不能简单地根据某一理论或某些标准孤立地、抽象地评价它。坚持逻辑与历史相结合的方法，从正反两个方面做出全面的评断，对于我们建立与社会主义市场经济相适应的基本公共服务有着积极的启示作用。

社会主义基本公共服务的实践是马克思主义共同需要思想的反映。中华人民共和国的成立宣告了两千多年的私有制统治的结束，社会主义公有制成为建设社会主义蓝图的指导思想。马克思主义的共同需要思想是我国实施基本公共服务的理论依据，社会主义公有制的本质决定了国家政府能够自觉地、主动地把实施基本公共服务作为我们的目标，围绕人民大众的社会平等地位、基本权利和基本权益等社会成员一些共同需要，进行社会主义基本公共服务的实践。在资本主义私有制下，基本公共服务制度不仅不能完全消除无产阶级的贫困，而且掩盖了资本主义的剥削本质。只有在社会主义公有制的条件下才能实行真正意义上的满足社会成员共同需要的基本公共服务制度。在公有制条件下，全部生产资料为人民群众所有决定了满足共同需要的产品也是人民群众共同拥有。社会主义国家作为无产阶级和人民群众的代表，致力于对人的生存和发展的关注与保障，按照人民群众的长远利益制定社会财富的分配规则和计划，进行基本公共服务的实践，满足社会成员的共同需要，带有明显的"普惠制"。正因为如此，即使在生产力水平比较低的条件下，基本公共服务建设也取得了重大成就，显示出社会主义社会的优越性，不仅从无到有建立起基本公共服务制度，而且做到了相同水平下其他国家做不到的事情。就第一方面来说，通过城镇职工的单位和以集体经济为基础的农村建立起的覆盖城乡社会保障、公共卫生、基础教育等基本公共服务建设本身就是一项前无古人的重大历史成就，在社会主义新中国第一次实现了满足全社会层面的共同需要的基本公共服务的制度安排，开启了真正保护民生、关注民生的先河。就第二方面看，不管是城镇基本公共服务还是农村基本公共服务都属于国家公共福利范畴，与当时的经济发展水平相比，满足了当时人们最为迫切的共同需要，较好地解决了民众生存与发展的保障。1987 年对 130 个国家和地区的统计结果显示，中国的人均国民生产总值居世界后列，但中国的人文指数却步入了"人文发展水平高的国家和地区"。世界卫生组织驻中国代表基恩指出："如果只看预期寿命、婴儿死亡率、死亡原因这些统计数字，很难看出这个国家是中国，几乎不可能看出这是个发展中国家。"这些成就的取得是与建国后三十年计划经济体制下的基本公共服务建设紧密相关的。

社会主义基本公共服务实践是与当时的计划经济体制相适应的。计划经济体制促进了社会主义基本公共服务的发展。首先，计划经济体制是实施基本公共服务的制度背景，基本公共服务制度的选择结果取决于计划经济体制。在计划经济体制下，国家对社会生产、消费等进行统一配置，满足劳动者共同需要的基本公共服务也由国家统一包下来。以国家为实施和管理主体、通过企业和农村集体经济组织具体实施的基本公共服务是与计划经济时期的财政金融等体制及劳动市场制度等若干国民经济运行机制相配套的，相对于当时的经济体制来说是最优的，是当时的经济体制与条件决定的必然的选择。一位西方经济学家曾给予了这样的高度概括："(1) 所有工人的工资都是相同的，很低的；(2) 工资当中充满了慷慨的各种津贴，例如养老保险、食物补贴、住房甚至取暖费，并且通常由企业来提供；(3) 工作有保障，实际上职业是终生的。"① 可见，计划经济体制下的基本公共服务本身也成为计划经济体制的一个重要组成部分，并与计划经济体制相辅相成，是当时"经济秩序下产生的具有系统性必然性的产物"。② 其次，计划经济体制保证了社会主义基本公共服务制度的实现。基本公共服务实践建立在计划经济体制基础之上，这种方式是适应当时的经济体制和生产力水平的。国家和政府根据全社会发展的需要，即使在经济条件比较困难的情况下，也能在短时间内集中大量的人力、物力、财力解决人和社会发展过程中比较突出的问题。因此才有了社会保障、教育、公共卫生等基本公共服务全面恢复重建和快速发展。

基本公共服务推动了经济社会的发展。中国历史上第一次建立起体系比较健全、结构比较合理、符合当时我国实际的、趋于制度化的基本公共服务制度和体系，对新中国的建立和发展做出了重要贡献，它是计划经济时期经济发展的稳定器。旧中国贫富两极分化严重，绝大多数社会成员的基本生活难以保障，对失业

---

① ［英］尼古拉斯·巴尔著：《福利国家经济学》，郑秉文、穆怀中译，中国劳动保障出版社 2003 年版，第 6 页。

② ［英］尼古拉斯·巴尔著：《福利国家经济学》，郑秉文、穆怀中译，中国劳动保障出版社 2003 年版，第 6 页。

人口、游民、需要救助的孤老残幼人员以及遭受灾荒侵袭的农民进行救济对巩固新生的国家政权、维系整个社会的基本稳定，对整个社会经济的发展具有重要作用。据统计，1949 年，全国受灾面积约 1.4 亿亩，受灾人数约 4555 万人。① 此后几年，水灾不断，受灾农民的生活极其困难，基本的吃粮问题得不到保证。城市中的失业人员也在增多。1950—1951 年，武汉、广州、长沙、西安、天津等 14 个城市紧急救济人口达 100 多万人。1952年，全国 152 个城市常年得到定期救济的人口达 120 多万，得到冬令救济的约 150 多万人，有的城市享受社会救济的人口已达20%—40%。②

基本公共服务在推动社会主义现代化建设方面发挥了应有的作用。特别是教育公共卫生基本公共服务提高了劳动者的素质、增强了劳动者的体质。并且比较普遍的、对劳动者的需要给予的充分关注和重视使人民十分拥戴当时的经济体制，极大的激发了劳动者的工作热情，推动了我国社会主义建设事业。

社会主义基本公共服务的二元特征是计划经济选择的结果。计划经济体制的选择具有合理性，计划经济体制下的二元基本公共服务具有合理性。不管是对社会主义基本公共服务还是计划经济进行评价和判断都应该与当时的历史条件相联系，而不能简单的把它们抽象出来，孤立地去衡量。计划经济体制是内因外因综合作用的结果，二元的基本公共服务制度相对于经济体制来说也

① 崔乃夫主编：《当代中国的民政》（下册），当代中国出版社 1994 年版，第 10 页。
② 郑功成等著：《中国社会保障制度变迁与评估》，中国人民大学出版社2002 年版，第 212 页。

是最优的。计划经济体制是客观历史条件决定的，从当时国内的发展来说，中国计划经济体制的形成是和工业化目标的提出联系在一起的。中华人民共和国成立之时，中央政府面对的是一个饱经战争创伤、近 90% 的人口居住在农村、工业仅占国民收入的12.6% 的农业国。经过连年战乱，中国经济水平急剧下降，1949年与解放前的最高年份相比，农业总产值下降 20% 以上，工业总产值下降一半以上，其中重工业下降 70%，轻工业下降 30%，工业产量也大幅下降，钢产量仅为 15.8 万吨，比历史最高产量年份（1943 年）减少了 82.9%，原煤产量由 6188 万吨下降至3243 万吨，下降 47.6%，棉纱由 245 万件下降到 180 万件，下降 26.5%。1949 年工农业总产值中，农业占 70%，工业为 30%，而现代工业产值只占 17%。工业布局极不合理，70% 以上的工业集中在沿海，内地只有不到 30% 的份额，铁路只有 2.2 万公里，能通车的不到一半。全国现代化的货物周转量只有 229.6 亿吨公里，仅达战前最高水平的 42.7%。① 实现工业化是改变半封建半殖民地的农业落后国状况，建设一个民主、繁荣的社会主义国家的必由之路。本来以轻纺工业为中心进行工业化既符合国家资本不足的现实，又能解决劳动力过剩的问题，并且随着轻纺工业的发展可以积累起满足重工业发展的资金，最终实现工业化。但是，急于改变落后面貌、建立完整工业体系的愿望使得国家必须实施发展重工业的赶超战略，而发展重工业需要政府强大的社会动员能力进行资源的集中配置以及资本的高积累，而计划经济体

---

① 柳随年、吴群敢主编：《中国社会主义经济简史（1949—1982）》，黑龙江人民出版社 1985 年版，第 15 页。

制的长处就是能在特定的历史条件下，集中有限的人力、物力和财力，在较短的时间内恢复和发展国民经济，并奠定工业化的物质技术基础，从而选择计划经济体制就成为必然。如果采用市场调节，落后的国民经济很难在短时间内恢复和实现快速发展。因而在生产力不发达的基础上要实现经济的快速发展，计划经济体制是建国之后的一个必经阶段。从国际环境看，建立计划经济体制实现工业化既有必然性，又有可借鉴的经验。建国初期，以美国为首的西方国家拒绝承认新中国，阻挠恢复新中国在联合国的合法席位，并在经济上对社会主义的中国实行封锁、禁运，所以建立计划经济体制、优先发展重工业、建立独立的工业体系，拓展发展空间也是一个合乎历史逻辑的选择。同时，朝鲜战争的爆发使我国出于国家安全的考虑，也必须通过计划经济体制加快重工业的发展。苏联在社会主义建设中实行计划经济取得的成功经验，也对我国选择计划经济体制形成了影响。实施计划经济体制的苏联在 20 世纪 30 年代经济发展速度很快，到 1937 年底第二个五年计划时，国民经济平均每年增长 17.1%，工业发展速度超过各主要资本主义国家，而工业总产值则跃居欧洲第一位，世界第二位。

二、改革开放后我国基本
公共服务制度改革

20 世纪 70 年代末开始的经济体制改革打破了过去依托计划经济体制的基本公共服务的制度基础，城市以单位和农村以人民公社为载体的基本公共服务供给体系难以为继，我国开始探索建立新的基本公共服务体制。经过改革开放 30 年的社会经济的发展，我国基本公共服务在各个方面已经取得了很大的进步，基本公共服务的范围不断扩大、服务质量不断提高。基本公共服务改革与我国经济社会发展的整体战略和阶段特征紧密相关，以 2003 年 10 月 14 日中国共产党第十六届中央委员会第三次全体会议通过的《中共中央关于完善社会主义市场经济体制若干问题的决定》为标志，我国基本公共服务的改革分为两个阶段：一是 2003 年前基本公共服务改革的初始阶段；二是 2003 年后基本公共服务改革的发展阶段。前一阶段是由计划经济体制向市场经济体制转型引发和推动，基本公共服务改革朝着市场经济的方向发展。后一阶段是在科学发展观和全面建设小康社会目标的指引下，基本公共服务改革进入了一个新的阶段。

（一）基本公共服务改革的初始阶段

中国经济转型从 1978 年开始，以市场为取向的改革目标的确立使得市场在资源配置中起到了基础性的作用，原来承载基本公共服务功能的农村集体解体和城市企业单位重组，使得基本公共服务的改革也到市场中寻找机会。伴随"先做蛋糕，后分蛋糕"改革思维，农村的基本公共服务回归家庭，城市单位的基本公共服务大幅度压缩，之前由国家在许多方面为全体人民或部分群体的全体成员提供基本公共服务的范围缩小，几乎所有的基本公共服务领域都建立了责任分担的"社会化"模式，即企业承担的基本公共服务功能被剥离出企业后，政府没有完全承担起企业过去承担的基本公共服务功能，而是要求其他各方共同参与，各服务机构引进市场机制拓展服务获取自身的发展，个人的责任意识也逐渐增强。国有企业承担的基本公共服务走向社会化对推动国有企业尽快实现转型发挥了作用，同时也减少了政府的财政负担。从 20 世纪 70 年代末至 90 年代中期，政府用于基本公共服务的开支呈下降趋势，这一方面与我国政府财政收入占GDP 的比例持续下降有关，另一方面也与政府财政支出中行政事业费用支出增加有关。随着社会主义市场经济体制改革的不断深化和经济快速增长，不仅为基本公共服务改革的深化提供了前提，而且也给基本公共服务的改革创造了物质基础。

党的十一届三中全会将工作重点转移到经济工作上来，社会保障事业也得到恢复，主要体现在社会保障管理机构的相继设立：1978 年 2 月，第五届全国人大通过新宪法，决定成立民政部；1979 年 7 月国家劳动总局设置了保险福利局。各级工会组织陆续重建。1982 年 5 月，国家劳动总局、国家人事局、国家编制委员会和国务院科学技术局合并为劳动人事部，下设保险福利局，综合管理社会保险及职工福利事宜。与社会保障相关的这些机构的设立为社会保障各项具体制度的实施奠定了基础。1978年，国务院颁布了《关于安置老弱病残干部的暂行办法》和《关于工人退休、退职的暂行办法》，重新对老弱病残干部的安置和工人退休做出了具体规定，并且在待遇上较以前有了较大的提高。同年 12 月，民政部、财政部重新印发了 1962 年内务部、财政部《抚恤、救济事业费管理使用办法》，重申继续执行该办法中抚恤、救济费的使用原则、使用范围、发放管理办法等。1986 年 7 月，财政部、民政部联合发出《关于调整军人、机关

工作人员、参战民兵工牺牲、病故抚恤金标准的通知》，较 1955
年规定的标准有所提高。1979 年 12 月，全国城市社会福利救济
工作会议召开，会议明确了城市社会福利事业单位的社会福利性
质，制定了恢复和发展社会福利事业的方针政策。此后，全国各
项社会福利事业普遍恢复。1980 年 3 月，国家劳动总局与中华
全国总工会联合发出《关于整顿和加强劳动保险工作的通知》，
对整顿的目的、内容、业务分工等问题做出了规定，要求各级劳
动部门和各级工会互相配合、密切协作，使劳动保险政策顺利落
实。此后，全国国营企业和集体企业开始对中断的企业社会保险
管理工作进行全面整顿和恢复。1985 年，《中共中央关于制定国
民经济和社会发展第七个五年计划的建议》提出："适应对内搞
活经济、对外实行开放的新情况，认真研究和建立形式多样，项
目不同、标准有别的新的社会保障制度，这是保证经济体制改革
顺利进行和取得成功的重要条件，也是社会安定和国家长治久安
的根本大计。"这标志着为适应经济的发展，我国社会保障制度
改革正式启动。社会保障制度的改革主要涉及到：就业失业保
险，1986 年，国务院发布了《国营企业实行劳动合同制暂行规
定》和《国营企业职工待业保险暂行规定》，决定国有企业新招
的工人一律实行劳动合同制，并初步确立我国失业保险的框架。
1988 年国务院颁布《中华人民共和国私营企业暂行条例》和
1989 劳动部发布《私营企业劳动管理暂行规定》，对私营企业的
失业保险作了规定；养老保险，1987 年 3 月，中共中央财经领
导小组会议决定设立各级退休费用统筹管理委员会，对退休费用
实行统筹管理。1991 年，国务院在《关于企业职工养老保险制
度改革的决定》中，要求国有企业职工都要以标准工资的 3% 为

起征点向统筹机关缴费，从而扩大了养老保险制度的缴费基础。在农村的养老保障方面，国家民政部 1987 年 3 月发布了《关于探索建立农村社会保障制度的报告》，并于 1991 年开始农村社会养老保险制度的改革试点工作。经过在上海、大连、武汉和山东等地两年多的试点，1993 年 12 月民政部在江苏省张家港市召开全国农村社会养老保险工作会议，宣布将这项工作推向全国有条件的地区。

　　1993 年，十四届三中全会通过的《关于建立社会主义市场经济体制若干问题的决定》，对社会保障制度改革提出明确的要求，明确提出建立多层次的社会保障体系，社会保障政策要统一，管理要法制化等，这成为推动中国社会保障制度改革的动力。在养老保险方面：1994 年，国家体改委针对各地养老保险制度改革实践做了大范围的社会调查。在此基础之上，1995 年，国务院下发了《关于深化企业职工养老保险制度改革的通知》，明确了我国基本养老保险制度改革的目标、原则和任务等，提出建立与社会主义市场经济体制相适应，适用城镇各类企业职工和个体劳动者，资金来源多渠道、保障方式多层次，实行社会统筹与个人账户相结合，管理服务社会化的养老保险体系。鉴于各地养老保险试点方案不统一、个人账户缴费不一致、社会统筹层次较低等实际问题，1997 年国务院颁布的《关于建立统一的企业职工养老保险制度的决定》，对企业缴纳基本养老保险费的比例、个人缴费比例等作了明确的规定，统一了个人账户规模、养老金记发办法，提出在 1998 年底之前，在全国范围内实行统一的企业职工基本养老保险制度。1999 年 1 月，《社会保险费征缴暂行条例》发布，规定将城镇外商投资企业、城镇私营企业和其他城镇企业职工以及事业、机关分别纳入到相应的社会保险项目中，从而扩大了城镇养老保险覆盖范围。在农村养老保险方面：1986年国家民政部开始进行农村养老保险试点工作。1991年国务院推出的《农村社会养老保险基本方案》和1992年民政部制定下发《县级农村社会养老保险基本方案》，确定了探索"个人缴费为主，集体补助为辅，国家给予扶植"的农村养老保险制度。1995年10月国务院办公厅转发民政部《关于进一步做好农村社会养老保险工作意见的通知》，在历史上首次提出了要建立农村正式的社会保障制度。在失业和社会救助制度方面：1998、1999年国务院先后颁布了《关于切实做好国有企业下岗职工基本生活保障和再就业工作的通知》和《关于进一步做好国有企业下岗职工基本生活保障和企业离退休人员养老基金发放工作有关问题的通知》，强调了个人责任，确立国家、用人单位、职工三方负担的筹资机制。在社会救助方面，1997年国务院印发的《关于在全国建立城市居民最低生活保障制的通知》和1999年国务院颁布《城市居民最低生活保障条例》，标志着我国城市居民最低生活保障工作开始步入规范化、法制化管理轨道。由于各地发展水平差距较大，经济水平越是落后的地区，财政越困难，低保对象越多，负担低保资金越困难。为解决上述困境，民政部会同财政部研究建立低保资金省、市、县三级筹措机制，确保低保资金来源稳定和使用高效。对于缺口较大的困难地区，中央政府都给予重点补助。从1997年开始，国内经济发达的省市逐步建立了农村最低生活保障制度，将农民纳入最低生活社会保障的范围。

1985年，《中共中央关于教育体制改革的决定》明确提出

"把发展基础教育的责任交给地方，有步骤地实行九年制义务教育。实行基础教育由地方负责、分级管理原则。"关于省、市（地）、县、乡各级"地方"的职责划分问题，原则上确定由各省、自治区、直辖市决定。在后来的实践中基本上采用了"县办高中、乡办初中、村办小学"的做法。以《决定》为标志开始的"分级办学"的教育体制改革的探索对后来基础教育的发展产生了重要影响。1986 年我国通过并实施《中华人民共和国义务教育法》，将普及九年义务教育纳入了法制的轨道。其中规定，国家实行九年制义务教育，在国务院领导下实行地方负责，分级管理。这预示着原来高度集权的计划管理体制开始向国家计划与市场调节相结合的体制转换。此后，逐渐打破国家包办的办学体制、管理体制、培养模式、就业方式等，对国家、集体、个人多渠道的办学教育体制进行了探索和改革。1986 年 9 月由国家教委等颁布的《关于实施〈中国人民共和国义务教育法〉若干问题的意见》进一步规定，"农村中小学校舍建设投资，以乡、村自筹为主。地方人民政府对经济有困难的地方，酌情予以补助。"1993 年中共中央、国务院发布的《中国教育改革与发展纲要》进一步强化了 1985 年的《决定》，指出"要深化中等以下教育体制改革，继续完善分级办学、分级管理的体制。"为了调动地方政府和社会各界办学的积极性，除各级财政预算内拨款外，可以采取征收用于教育的税费、校办产业收入、社会捐集资和建立教育基金等多种渠道筹集教育经费。1995 年《中华人民共和国教育法》以法律形式确定了这一新的筹资机制。2002 年12 月通过的《中华人民共和国民办教育促进法》明确："民办教育事业属于公益性事业，是社会主义教育事业的组成部分"，

"国家鼓励捐资办学"。总体上看，2000 年以前，我国的义务教育实行的是"三级办学，两级管理"的管理体制。这种体制鼓励财力充裕、非政府资金能力强的地区率先普及义务教育，在调动地方政府和人民群众办学积极性上发挥了积极作用，促进了我国义务教育事业的快速发展。但 1994 年"分税制"改革以后，中央政府集中了大部分的财政收入，一些贫困落后地区基层财政困难，出现了教育投入不足的问题和困难。

改革开放初期，农村医疗卫生体制的变化是与人民公社的解体联系在一起的。农村实行家庭联产承包责任制，家庭成为农村的基本生产单位，集体经济解体，以人民公社为基础的合作医疗的经济来源被中断，农村合作医疗受到严重冲击。农村合作医疗的覆盖率迅速降低，至 1989 年，农村实行合作医疗的行政村只占全国行政村的 4.8%①。由于承包制的实行，许多生产队卫生站实行承包，再加上农村卫生机构长期缺少投入，缺乏卫生技术人员，预防保健制度缺失，使广大农村居民对卫生服务的利用下降，"因病致贫、因病返贫"的现象较为严重，"看病难、看病贵"的问题也日益突出。1991 年为了贯彻中央关于"全党动员起来，大办农业"和"各行各业都要支援农业"，对农村医疗卫生工作也提出了相应的改革原则，开展初级卫生保健、实施农村卫生"三项建设"、促进和恢复合作医疗和实施乡村卫生组织一体化管理等，以提高农村卫生服务水平。1993 年中共中央在《关于建立社会主义市场经济体制若干问题的决定》中进一步提

---

① 顾涛等：《农村医疗保险制度相关问题分析与政策建议》，《中国卫生经济》1998 年第 4 期。

出，要发展和完善农村合作医疗制度。

城市医疗卫生体制改革受到企业以"扩大自主权"为方向的改革的影响。1979年卫生部提出卫生部门要按经济规律办事，"要运用经济手段管理卫生事业"，随即开展了对医院的"五定一奖"（即定任务、定床位、定编制、定业务技术指标、定经济补助、完成任务奖励）工作。1980年，国务院转批卫生部《关于允许个体医生开业行医问题的请示报告》，打破了国营公立医院在医疗卫生领域一统天下的局面。1985年，国务院批转了国家卫生部《关于卫生工作改革若干政策问题的报告》，提出了一系列发展卫生事业的改革措施：鼓励多渠道办医；对卫生医疗机构实行放权、让利、搞活，实行鼓励创收和自我发展的政策；改革收费制度。由此，全面医改正式启动。1989年1月，国务院转批了卫生部等六部局《关于扩大医疗卫生服务有关问题的意见》，进一步推行各种形式的承包责任制等。1992年9月，国务院下发《关于深化卫生改革的几点意见》，卫生部按"建设靠国家、吃饭靠自己"的精神，要求医院在"以工助医、以副补主"等方面取得新成绩。中共中央、国务院1997年颁布《关于卫生改革与发展的决定》，明确我国卫生事业的性质是社会公益事业，提出了新时期卫生工作方针，要求卫生事业必须坚持为人民服务的宗旨，正确处理社会效益和经济收益的关系，并要求各地"积极稳妥地发展和完善合作医疗制度"。从1994年开始，国务院在九江、镇江等城市进行城镇职工基本医疗保险制度改革试点，这些试点改革为建立全国统一的城镇职工基本医疗保险制度提供了不少有益的经验，1998年末国务院颁发了《关于建立城镇职工基本医疗保险制度的决定》，在全国推行城镇职工基本医疗保险制度。

（二）基本公共服务改革的发展阶段

2003 年 10 月 14 日中国共产党第十六届中央委员会第三次全体会议通过的《中共中央关于完善社会主义市场经济体制若干问题的决定》强调了经济社会全面、协调发展，还分别就推进教育、文化、卫生体制改革和完善社会保障体系作了规定。随之，我国基本公共服务发展进入了一个新的阶段。构建社会主义和谐社会的目标和科学发展观的基本原则，为基本公共服务的改革和发展提供了新的思路。现阶段基本公共服务实践最鲜明的特点就是在科学发展观指导下，坚持以人为本、全面协调、可持续的发展原则，走经济与社会协调发展的道路，从而对基本公共服务的重要性、必要性都有了更加深刻的认识，更加注重以人为本，更加注重弱势群体的利益，并在实践中不断总结、探索。从中央到地方，基本公共服务体制改革与创新迈开大步，随着中央政府责任的增大，政府基本公共服务开支占 GDP 的比例明显提高，各级政府把解决好人民群众最关心、最直接、最现实的基本公共服务作为工作的重要任务之一。除了政府以外，各种社会力量、非政府组织增多，参与基本公共服务的程度提高。但政府始终是基本公共服务的责任主体，政府要以民生为重、以社会效益为重，为全民提供一个人人可以享受到教育、医疗、社会保障等基本公共服务的安定有序的社会环境，实现发展成果人人共享。

2003 年国务院做出了《关于进一步加强农村教育工作的决定》，该《决定》是对 2001 年 5 月国务院出台《关于基础教育改革与发展的决定》的进一步贯彻落实，重申了"在国务院领导下，由地方政府负责、分级管理、以县为主"的农村义务教育管理体制，坚持把农村教育摆在重中之重的地位，加快农村教育发展，深化农村教育改革，促进农村经济社会发展和城乡协调发展。2004年教育部发布《2003—2007年教育振兴行动计划》，要求在农村推进"三教统筹"和"农科教结合"，加大对农村义务教育的财政支持力度。为解决义务教育的均衡发展，2005年国家教育部出台了《关于进一步推进义务教育均衡发展的若干意见》和《关于深化农村义务教育经费保障机制改革的通知》，要求按照"明确各级责任、中央地方共担、加大财政投入、提高保障水平、分步组织实施"的基本原则，促进义务教育均衡发展。2006年，《中华人民共和国义务教育法》通过修订，新的《义务教育法》规定："义务教育实行国务院领导，省、自治区、直辖市人民政府统筹规划实施，县级人民政府为主的管理体制。县级以上人民政府教育行政部门具体负责义务教育实施工作；县级以上人民政府其他有关部门在各自的职责范围内负责义务教育实施工作。"在过去强调"以县为主"体制的基础上，突出了省级政府对义务教育进行统筹规划的责任，也强调了中央政府的责任问题，其中规定"义务教育经费投入实行国务院和地方人民政府根据职责共同负担，省、自治区、直辖市人民政府负责统筹落实的体制。农村义务教育所需经费，由各级人民政府根据国务院的规定分项目、按比例分担。"首次明确义务教育免收学杂费，以法律形式保障义务教育经费投入。2006年10月，《中共中央关于构建社会主义和谐社会若干重大问题的决定》进一步强调了坚持教育优先发展，促进教育公平的教育价值。2006年西部地区农村义务教育阶段全部免除学杂费，2007 年中部和东部地区农村义务教育阶段全部免除学费。从 2008 年春季学期起，免除城市义务教育学杂费。

为解决农民的医疗保障问题，我国早在 2002 年就开始新型合作医疗制度的试点，为医疗保障的进一步发展做了准备。2002 年，中共中央、国务院做出《关于进一步加强农村卫生工作的决定》，坚持以农村为重点，加快农村卫生发展，建设社会化农村卫生服务网络，发挥农村卫生服务网络的整体功能。推进乡（镇）卫生院改革，调整卫生院布局，在乡（镇）行政区划调整后，原则上每个乡（镇）有一所卫生院。调整后的卫生院由政府主办，卫生院的人员、业务、经费等划归县级卫生行政部门按职责管理。政府卫生投入要重点向农村倾斜，各级人民政府要逐年增加卫生投入，增长幅度不低于同期财政经常性支出的增长幅度。2003 年 1 月，国务院转发卫生部、财政部、农业部《关于建立新型农村合作医疗制度的意见》，指出新型农村合作医疗制度是由政府组织、引导、支持，农民自愿参加，个人、集体和政府多方筹资、以大病统筹为主的农民医疗互助共济制度。2003 年 3 月正式施行的《中华人民共和国农业法》明文规定：国家鼓励、支持农民巩固和发展农村合作医疗和其他医疗保障形式，提高农民健康水平。同年 7 月，新型农村合作医疗制度试点工作在全国展开。成功抗击"非典"之后，党中央提出了"以人为本"的科学发展观，在农村地区加快推进新型农村合作医疗试点，制定农村卫生发展建设规划，加大资金投入，积极改善农村卫生服务条件。2006 年国家启动《农村卫生服务体系建设与发展规划》，改善农村县乡村三级医疗卫生服务条件，"农村卫生服务体系建设与发展规划的主要建设任务是："依据统一的建设标准和规范，对政府举办的乡（镇）卫生院、县医院、县妇幼保健机构和县中医医院，及村卫生室的业务用房进行建设，配置基本医疗设备，使其具备开展预防保健和基本医疗服务的条件，完善服务功能，提高服务能力。"规划建设所需投资由中央专项资金、地方财政资金、单位自筹等多渠道筹措解决。中央专项资金支持的重点是中西部地区的乡（镇）卫生院以及贫困县、民族自治县、边境县中的部分县医院、县中医医院、县级妇幼保健机构和部分村卫生室的基础设施建设，同时安排少量引导资金兼顾东部部分困难地区。2004 年卫生部起草《关于深化城市医疗体制改革试点的指导意见（讨论稿）》，提出了城市医疗体制改革的宏观思路，城市医疗体制改革是一个长期的过程，不仅考虑到眼前，还要设想以后的发展远景，不仅涉及医疗卫生体系内部的改革，还涉及到宏观经济和社会管理等方面的改革，改革中要坚持政府主导和市场机制相结合。为深化城市医疗卫生体制改革，国务院提出要大力发展城市社区卫生服务体系，形成"社区—医院"二级综合卫生服务结构。国务院于 2006 年先后出台了一系列关于发展城市社区卫生服务的指导意见，并成立了城市社区卫生工作领导小组，制订了《城市社区卫生服务机构管理办法（试行）》等 9 个配套政策文件，大力促进社区卫生服务的发展。截至 2006 年 11 月底，全国 97.4%的地级以上城市和 92.8%的市辖区开展了社区卫生服务，已有城市社区卫生服务中心 5059 个，社区卫生服务站 17967 个。2003 年以来，随着我国经济社会发展进入新的阶段，我国卫生事业发展坚持以科学发展观为指导，医疗卫生改革进入了强调公益、改善民生的新阶段。改革的目标是，加大政府责任，维护公共医疗服务的公益性质，建设覆盖城乡居民的基本卫生保健制度。十六届六中全会，国家提出构建社会主义和谐社会的战略，并指出高度重视卫生事业在构建社会主义和谐社会中的重要地位和作用，要加强建设覆盖城乡居民的基本卫生保健制度和不同形式的医疗保险制、建立国家基本药物制度和科学规范的公立医院管理制度等制度建设，这为今后卫生服务体系的发展指明了道路。

第三章 现阶段基本公共服务改革中存在的问题及原因探讨

在科学发展观与构建社会主义和谐社会目标的指引下，我国基本公共服务的改革进入了新的发展阶段，基本公共服务改革引起公众的热切关注和议论。在这样的现实背景下，剖析现阶段基本公共服务中存在的主要问题及原因，是进一步探讨我国基本公共服务建设的前提和基础。

一、现阶段基本公共服务改革中存在的问题及其影响

随着社会主义市场经济的发展，基本公共服务的体制改革和政策调整进入了一个新的阶段。但总体上看，基本公共服务存在的问题，是不能适应社会主义市场经济发展的需要。

（一）基本公共服务总量不足

社会主义生产目的是随着生产力发展满足人民日益增长的物

质文化生活需求。人们的需要从来就是个别需要与社会共同需要的总和，因此，衡量人们的生活福利水平应该是一个既包括满足个别需要的个人消费品又包括满足社会共同需要的基本公共服务的综合指标。前者比如用于吃、穿、住、行（汽车、摩托车）等的产品，是以个人或家庭为单位提出的需要，后者如教育、医疗卫生、社会保障、交通通信等，是以社会为单位提出的，是满足人和社会存在和发展必不可少的需要。大力发展个人消费品是提高人民生活水平和生活质量的一个重要方面，但同时也不能忽视公共服务。其实，交通、通信、供水、供电、供热、休闲、旅游等公共设施是否发达、完善、便捷、廉价，阳光、大气、水资源等生存环境是否优质、充足，也是提高人民生活水平和生活质量十分重要甚至是必不可少的组成部分。要提高人民生活水平，满足个别需要与满足社会公共需要同等重要，应当同时关注个人消费品的生产和提供以及基本公共服务的生产和提供。

随着生产力的发展，国内生产总值、人均国内生产总值、城乡居民收入、居民消费等体现综合国力和城乡居民收入、消费增长的指标都有明显改善，满足人民物质文化需求的结构也相应发生变化，即从消费个人消费品为主的消费型需求转向消费教育、医疗保健和交通通信等基本公共服务的发展型需求。国内生产总值由1978年的3645亿元迅速跃升至2007年的249530亿元，年均增长9.8%；人均国内生产总值由1978年的381元上升到2007年的18934元，扣除价格因素，2007年比1978年增长近10倍，年均增长8.6%；城镇居民人均可支配收入由1978年的343元提高到2007年的13786元，扣除价格因素，比1978年增长6.5倍，年均增长7.2%。农村居民人均纯收入由134元提高到4140

元，扣除价格因素，比 1978 年增长 6.3 倍，年均增长 7.1%。居民消费水平从 1978 年的 184 元增加到 2007 年的 7081 元，按可比价格计算，人均消费水平提高了 7.2 倍，年均实际增长 7.5%。① 城乡居民收入、消费水平的增长，绝不仅仅是单纯数量的增加，而是伴随着消费生活质的飞跃，主要表现为消费结构的变化和升级。

纵向来看，随着居民收入的提高，居民的消费结构了发生变化。30 多年来，人民的生活水平和消费结构都发生了深刻变化，城乡居民家庭收支和消费需求的结构性变化和升级转型越来越引人注目（见表 3-1）。

表 3-1　改革开放以来城镇居民家庭消费结构变化情况

年　份	1981	1985	1990	1995	2000	2005	2010
人均可支配收入（元）	500.4	739.1	1510.2	4283.0	6280.0	10493.0	19109.0
人均消费性支出（元）	456.84	673.20	1278.89	3537.57	4998.00	7942.0	13451.0
食品（%）	56.66	52.25	54.24	49.92	39.44	37.73	39.67
衣着（%）	14.79	14.55	13.36	13.55	10.01	9.56	8.71
家庭设备用品及服务（%）	9.56	8.6	8.48	8.39	7.49	5.67	6.39
医疗保健（%）	0.60	2.48	2.00	3.11	6.36	7.35	4.40
交通通讯（%）	1.45	2.14	3.17	4.83	8.54	11.75	14.82
教育文化娱乐服务（%）	6.62	8.17	8.78	8.84	13.40	14.38	11.19

① 参见国家统计局：《改革开放 30 年我国经济社会发展成就系列报告之一：大改革　大开放　大发展》，2008 年 10 月 27 日，见 http://www.stats.gov.cn/tjfx/ztfx/jnggkf30n/t20081027_402512199.htm。

续表

年　份	1981	1985	1990	1995	2000	2005	2010
居住（%）	1.55	7.01	5.2	4.28	11.31	10.21	10.37
杂货商品与服务（%）	2.42	7.01	5.2	4.28	3.44	3.34	4.45

资料来源：根据相关年份的《中国统计年鉴》和2006年《中国统计摘要》整理。

　　从表中可以看出，随着居民收入的提高，吃穿等生活用品的消费在总消费支出中所占比重逐年下降，与基本公共服务相关的医疗保健支出、交通通讯支出、娱乐教育文化服务支出都大幅增长。一般性的用于吃穿的产品供给已经非常丰富了，价格十分低廉，老百姓的温饱基本上不成问题了，可以说很好地满足了老百姓的个别需求。从1981年到2007年间，随着人均年收入的上升，城镇居民用于食品、衣着、杂项商品与服务的支出不断下降，其中，食品支出由1981年的56.66%下降到2010年的39.67%。在这种情况下，老百姓对满足共同需要的服务需求，比如教育、医疗、社会保障等逐年增加，相关支出不断上升，其中，医疗保健、交通通讯、娱乐教育文化服务等消费性支出分别从1981年0.60%、1.45%和6.62%上升到2010年的4.40%、14.82%、11.19%，三项支出相加由1981年占全部支出的8.67%上升为2010年的30.41%。这反映了我国城镇居民对社会公共需求有明显的收入弹性，随着收入的提高，对社会公共服务的需求大幅度上升。同样，农村居民家庭对教育、医疗保健和交通通讯的需求也会随人均可支配收入的增加而增加。

　　横向来看，收入越高的家庭，对基本公共服务的需求也越多。随着人均收入水平的提高，用于社会服务方面的消费支出占消费支出的比重，呈现出明显的递增趋势。与最低收入户相比，最高收入户的人均社会服务支出比重要高出 15.62%（见表 3-2）。

表 3-2　城镇居民家庭人均全年医疗保健、娱乐教育文化支出情况

（单位：元）

	消费性支出	医疗保健支出	娱乐教育文化支出	合计比重
最低收入户	4036.32	281.13	445.71	11.85%
低收入户	5634.15	378.69	646.99	14.75%
中等偏下户	7123.69	501.69	877.36	15.38%
中等收入户	9097.35	646.52	1172.43	16.91%
中等偏上户	11570.39	861.43	1544.20	18.48%
高收入户	15297.73	1108.59	2092.01	22.46%
最高收入户	23337.33	1472.54	3526.23	27.47%
总平均	9997.47	699.09	1329.16	19.60%

注：表中所列数据为 2007 年数据；合计比重为医疗保健支出加娱乐教育文化支出之和占整个消费性支出的比重。

资料来源：国家统计局编：《中国统计年鉴（2008）》

可见，在总体上，城乡居民收入和消费持续增长，消费结构发生了积极明显的变化，对基本公共服务的消费需求不断上升。根据国际经验，当经济社会发展到一定阶段，比如人均 GDP 处于从 1000 美元到 3000 美元的过渡阶段，公众对公共服务的需求就会大幅度攀升，逐步成为经济社会发展的重要动力和市场需求的主流，也应该是政府提供公共服务的主要方向。

与消费者对基本公共服务快速增长的需求形成对比的是，政府对在短期内创造 GDP 明显的用于满足个别需要的个人消费品的生产和提供相对重视，而相对轻视用于满足社会公共需要的公共物品或服务的生产和提供。政府对教育、社会保障和医疗卫生

等基本公共服务社会性支出没有相应较快的增长，从而出现了个人消费品与基本公共服务"一条腿长，一条腿短"的跛脚式发展模式。大多数居民在吃、穿、用方面的个人消费品得到满足，但从基本公共服务供给的情况看，基本公共服务供给数量和质量落后于公众现实需求，依然是"短缺"的。从国家用于卫生教育支出的情况看，我国在 2010 年包括卫生和教育的社会性支出占 GDP 的比例为 8.64%，而依据联合国提供的数据，卫生和教育的公共支出占 GDP 比例最高的国家，例如瑞典、丹麦、法国、德国、古巴，占 13%—15%；加拿大、美国、澳大利亚、日本，占 10%—12%。从财政社会保障支出情况看，2010 年财政社会保障支出为 9130.62 亿元，占财政总支出的比重是 10.2%，占 GDP 的 2.28%。从国际上看，在发达市场经济国家的公共财政体系中，社会保障及福利方面的公共消费或者说收入支持方面的支出是政府最主要的支出项目，占财政支出的比重一般高达 30%—50%，占 GDP 的比重也大都在 10%—30% 之间。[1] 就总体而言，高收入、中等收入和低收入国家社会性支出占 GDP 及财政总支出的比重分别是 21.2%、11.5%、7.6% 和 49.5%、42.1%、27.5%。[2] 相对而言，我国财政社会性支出占比是比较低的。

可见，随着经济的发展，个人用于基本公共服务的支出增加，而政府对基本公共服务的支出却没有获得相应较快的增长，

---

① 中国经济增长与宏观稳定课题组：《增长失衡与政府责任》，《经济研究》2006 年第 10 期。

② 中国经济增长与宏观稳定课题组：《增长失衡与政府责任》，《经济研究》2006 年第 10 期。

这一方面说明政府在基本公共服务支出中承担的比重较低，有的还在不断下降，没有承担起应承担的责任，另一方面说明政府对基本公共服务的投入少，有投入才有产出。在投入不能增加的情况下，基本公共服务不能满足人民日益增长的物质文化需求，出现了"上学难"、"看病难"的民生问题。

（二）基本公共服务制度安排的缺陷

随着经济和社会的发展，用于基本公共服务的资源更加充足，基本公共服务的公平程度也应该逐步提高。然而，由于制度安排方面的原因，基本公共服务没有随经济的增长发生相应的变化。

1. 城乡分割的二元基本公共服务制度依然存在。新中国成立后，根据当时的实际情况，选择了重工业优先发展的战略，并以计划经济体制与二元经济社会体制与之配套，二元经济社会体制下的基本公共服务取得了一定的成就。随着计划经济体制向市场经济体制的转轨，原有的计划经济体制内的基本公共服务体系瓦解了，但城乡分割的二元基本公共服务制度却仍然保留。二元社会结构下的城乡居民实行两种身份制度、就业制度、基本公共服务制度和财政转移制度，城市的公共产品和公共服务供给主要通过国家财政安排，农村的主要靠农民自身来解决。这不仅导致中国城乡居民人均收入差距日益扩大，并且使得农民不能同等享有城市居民在基本公共服务方面的权利，基本被排除在公共服务体系之外。另外，历史上长期实行"重工轻农"、"重城轻乡"的发展战略，农村基本公共服务投入基础本来就难以与城市比肩。现实与历史加在一起，更扩大了基本公共服务的城乡差距，这使得原本就相对贫困的农民的生存和发展更加艰难。

2. 基本公共服务的效率普遍较低。由于缺乏合适的生产机制和制度安排，公共服务的资金投入和产出总量严重不对称，且效率较低，既无法满足社会需求，又造成了资源的浪费，基本公共服务整体属于"投入型"而非"效率型"。

3. 与基本公共服务投入相关的公共投入优先顺序颠倒。各地政府的工作基本上是以 GDP 挂帅，以经济建设为中心在许多地方简单地变成了以 GDP 为中心，地方领导的政绩乃至晋升之路基本上由 GDP 指标来体现和铺就，那就必然会驱使其为追求这种片面的"政绩"而不顾一切，相应地形成一种强烈的内在冲动，体现在公共投入上必然出现如下情况：突显经济增长的经济建设费用投入高，其它如合理调整产业结构、提高经济发展质量、保持经济与社会协调发展的公共投入，往往被忽略甚至放弃；工期短、见效快的政绩工程、首长工程、献礼工程等显性公共服务供给较多，而一些工期长、见效慢的公共就业、公共教育、社会保障等隐性基本公共服务则不被重视。这样，必然造成公共服务的供给结构不符合消费者的需求结构。实践证明，如果没有一个制度化的约束，公共服务支出并不能随经济增长和财政收入的增长而实现同步地增长。

4. 基本公共服务的"逆向调节"特征。以满足社会共同需要为目的的基本公共服务，实际上就是一种国民收入的再分配，再分配政策的目标是保证经济的公平、公正。但现实中却出现一些制度缺陷：一是"调高"不力。我们的政策规定是要调节高收入，但在政策实施的现实中却缺乏对收入监控的基本能力，税制及征收、处罚手段也相当无力，致使高收入群体的"逃税"或"避税"现象极为普遍。据统计，我国富人阶层的税收负担在世界上是最轻的，个人所得税的来源主要来自并不富裕的工薪阶层，税率45%档的个人所得税主要是对富人征收的，然而实际征收到的税款几乎为零。[①] 二是再分配支出的"逆向调节"，即基本公共服务支出中的问题带来的收益不均，形成新的差距。如城乡人均社会保障支出1991、1994和2001年分别为250元和5.1元、580元和5.7元、1324元和13.2元，城市人均享受的社会保障费用支出是农村的90倍之多，城市居民社会保障水平远远高出农民的社会保障水平。若把社会保障收益纳入城乡居民总收入，城乡居民之间的收入差距会因此进一步扩大。例如，1991、1994和2001年城乡居民收入比值分别为2.40、2.84和2.90；若包含社会保障收入之后，这一比值会分别上升到2.73、3.23和3.44；社会保障使城乡居民收入差距分别增长了13.8%、16%和18.6%。[②] 政府医疗补助的对象本应是贫困人口，但实际主要受益者不是贫困人口，而是富裕人群。再加上管理和执行过程中存在的问题，致使相当多贫困者难以获得有效援助。

5. 基本公共服务的财政制度安排问题。明确各级政府之间的事权、财权及建立完善的财政转移支付制度是实现基本公共服务发展的前提。而现实中相关财政制度的安排却不尽合理。首先

---

① 贾康：《45%税率档实际征收到的税款几乎为零》，2005年9月25日贾康访谈。见 http://news3.xinhuanet.com/fortune/2005-09/29/content_3562494_2.htm。

② 杨云善：《我国社会保障制度"逆调节"的表现、成因及改革》，《信阳师范学院学报》2005年第2期。

各级政府所承担的事权与财权配置不合理，政府基本公共服务的职责不清。事权是指每一级政府承担办事的权力与职责，也就是确定政府管理权力的运用范围。财权是指一级政府财政、理财的支配权力，也就是确定政府财政支出范围。在事权上，我国宪法原则上仅对中央和地方政府职责范围做出了规定，但没有对地方各级政府的事权加以明确划分，存在政府间事权不清的问题。再加上我国垂直的行政命令体系使上级政府常常对下级政府发出指令或考核指标。在财权上，两级政府间收入划分的权力交由上一级政府决定，上级政府一般将数额大、较稳定、增收潜力大的税种上收或实行共享，留给下级政府尤其是县乡政府的税收种类数额小、较零散、征收成本高。这种超过下级政府承担能力的事权安排增加了下级政府尤其是县乡政府财政支出压力。这种"事"在下而"权"在上的行政管理体制，必然导致落后地区提供基本公共服务的能力明显不足，上下级之间提供基本公共服务的差距越来越大。其次，转移支付制度还不完善，影响了基本公共服务的发展。我国现行财政转移支付制度是在1994年分税制改革后逐步建立起来的。分税制的基本思路是"保存量，调增量"，改革主要调整财政收入的增量部分，存量部分被视为地方既得利益加以保留，从而把旧体制下不尽合理的利益格局带入了新体制。目前中央对地方的转移性支出主要包括返还性支出、财力性转移支出、专项转移支出和其他转移支出四大类。2005年中央对地方返还性支出占中央转移性支出总规模的33%，专项转移支出达到31%，一般性转移支出仅占10%。实际上，返还性转移支出主要是维护地方既得利益、满足基本财政支出需要的一种逆向转移支付，其对调整地区间财力差异和缩小公共服务差距方面缺乏力度。专项转移支出一般具有特定目的，其结构和投向受上级政府制约，促进财政均等化的功能很弱。而最具有均衡地方财力作用、对基本公共服务发展有助推效应的一般性转移支付所占比重过低直接影响着欠发达地区基本公共服务的发展。

（三）基本公共服务供给结构失调

1. 从总体上看，用于社会文教费等基本公共服务的支出和用于行政管理费的公共服务支出结构的发展趋势存在不合理性，不能适应社会发展的现实要求。改革开放以来，我国公共支出总量规模一直呈快速增长的趋势，从 1978 年的 1122.09 亿元增长到 2006 年 40422.73 亿元，扩大了 30 多倍。从相对规模来看，2006 年公共支出占 GDP 已经达到 19.3%。如果考虑到我国公共支出中还有相当部分没有纳入预算管理的情况，实际支出总量的规模要高的多。一些研究表明，如果把实际公共支出全部纳入统计，2003 年我国公共支出占 GDP 的比重已经达到 32.55%，与发达国家 30% 以上、发展中国家 26.4% 的平均水平相比，应该说我国的公共支出总量规模基本适应了现阶段经济社会的发展水平。但在财政支出中，支出结构存在一定的问题，用于文教卫生的比重较低，而行政管理费所占比重较高。从 2007 年中国财政年鉴的统计数据看，文教科卫支出占国家财政支出总额的比例不仅没有增大，反而从 1993 年的 20.63% 下降至 2006 年的18.37%；行政管理费占国家财政支出总额的比例，1978 年为4.71%，1993 年为 11.54%，2004 年上升到 14.25%。"隐藏在行政管理费比重高、高增长现象背后的，不仅是工资的大幅上升，更重要的是冗员和其它低效率状况。"①　由此可以看出政府对基本公共服务的投入比重过低。

2. 城乡之间基本公共服务不均衡，农村基本公共服务严重落后。

城乡教育资源分配严重失衡，城市和农村义务教育在教育投入、文化程度、师资水平、办学条件、教育质量等方面存在巨大差距。农村教育经费投入严重不足、农村人口文化程度低，《国家教育督导报告2005》显示，全国小学和初中生均预算内公用经费城乡之比分别为1.4∶1和1.3∶1。农村15岁以上人口平均受教育年限不足7年，与城市平均水平相差近3年。在15～64岁农村劳动力人口中，受过大专以上教育的不足1%，比城市低了近13%，全国现有8500万文盲和半文盲，3/4集中在西部农村、少数民族地区和贫困县。农村师资力量少、水平低，根据教育部颁发的《关于制定中小学教职工编制标准的意见》，现行规定的城市小学的师生比是1∶19，城镇小学的师生比是1∶21，农村小学的师生比则为1∶23，这是非常不合理的。按理，农村与城市相比，人居分散、学校规模小，教师配置标准应当高于城市，而现状却大相径庭。义务教育专任教师的学历差距，在城市有的小学在招聘教师学历上定在了研究生，而在有的农村民办教师依然存在。在办学条件上，城市学龄儿童享用着优质的仪器设备和丰富的图书教育资源，而农村学龄儿童则相反，农村学校危房存在、现代教育资源更是缺乏。

---

① 经济合作与发展组织编：《中国公共支出面临的挑战》，清华大学出版社2006年版，第44页。

公共卫生资源配置严重失衡。世界卫生组织的《世界卫生报告》（2000）指出，从总体医疗质量看，中国在 191 个国家中位于第 61 位，但是在卫生负担公平性方面，中国被排列在第 188 位，即倒数第四位，仅比巴西、缅甸、塞拉里昂稍强，属于世界上最不公平的国家。城乡医疗卫生保健方面的差别过大是其中重要因素之一，农村地区在卫生资源总量、医务人员业务水平、医疗设施等方面都不及城市。2005 年，中国人均卫生总费用为 662.3 元。其中，城市为 1122.8 元，农村为 318.5 元，城市为农村的 3.53 倍。农村每千人口平均拥有不到 1 张病床，而城市的平均数字约为 3.5 张。农村每千人口，只拥有 1 名卫生技术人员，城市则在 5 名以上。据调查统计，乡镇卫生院卫生技术人员普遍存在学历低、职称低、技术低等"三低"现象。从政府对医疗机构的投入比重看，财政投入大多集中在城市医院，农村医疗机构得到的财政投入严重不足。可见，我国现有卫生资源结构和布局不合理，医疗卫生资源多集中在城市，其中优质资源又多集中在大中型医院，乡村卫生资源少、质量不高，服务能力和水平低，城乡之间差距不断加大，不能满足人民群众对基本医疗卫生服务的需求。

城乡社会保障基本公共服务也存在明显的差距。目前，城镇以养老、医疗、失业、工伤、生育五大社会保险为主体的制度体系，几经改革，日臻完善。而农村社会保障制度建设尚处于起步阶段，农村居民保障水平远低于城市居民。农村养老保障体系建设滞后，一是覆盖面窄，2005 年农村养老保险覆盖率仅为 17.3%，而且其中大多数是政府硬性规定必须参加的失地农民和在本地企业的就业人员，一般劳动者基本都未参加。2002～2006

年，城镇养老保险参保人数从 14736 万上升到 18766 万，增长 27.35%；而农村养老保险参保人数从 5462 万下降到 5374 万，下降 1.61%。截至 2006 年底，享受最低生活保障的人数，城市为 2240.1 万，农村为 1593.1 万。二是水平低，据统计，2005 年农村居民交纳医疗保险、养老保险基金人均为 12.7 元和 63.2 元，仅为同一时期城镇居民的 9.9% 和 12.9%。农村最低生活保障制度虽已建立，但从制度建设的角度看，仍存在着救济标准低、救济款项不能按时发放等许多不足，2005 年其月平均保障标准为人均 128.5 元，低于城镇的 223.0 元。新型农村合作医疗虽然覆盖了绝大部分农民，在解决农民看病难、看病贵方面发挥了一定的积极作用，但保障水平低，其筹资水平仅为年人均 58 元，远远不及城镇职工医疗保险人均 74 元的月筹资水平。从具体实施情况看，其受益面窄，报销率低，不能从根本上解决农村居民因病致贫、因病返贫的问题，绝大多数农民被排斥在现有医疗保障制度之外。

3. 基本公共服务地区间发展不平衡，东部整体优于中西部。基础教育投入方面，就生均教育经费投入看，教育投入水平与地区财政能力有着显著的相关关系，财政能力越强的地方，对基础教育的财政投入越大。东部地区对教育投入明显高于中西部地区，由于近年来实施西部大开发战略，西部教育的发展有所加快，中部的差距突显，包括预算内生均教育经费在内的多项指标呈现 U 字型的"中部凹陷"现象。① 师资力量方面，东中西部

---

① 中国（海南）改革发展研究院编：《政府转型与社会再分配》，中国经济出版社，第 45 页。

地区出现严重的结构性失衡，东部沿海发达地区教师超编，而中西部地区中小学教师总量严重不足，甚至出现负增长。中西部教师待遇普遍偏低、生活艰苦，中西部向东部无序、单向的流动，特别是当地优秀骨干教师的流动更加剧了中西部地区师资的匮乏。教育服务提供绩效方面，中国各地区同样存在显著差异，从成人文盲率、各类人口文化程度、人均受教育年限等多项指标来看，学校教育和文盲率的差距在增多，东部和中部构成了较高的水平，西部处于较低的分布状态。地区之间卫生条件差异较大，由于我国各地区经济发展水平不平衡，经济实力上的差距导致了各地区在卫生事业和基本建设方面的投入差异巨大。据统计，2003 年我国在卫生、社会保障方面的基本建设投资为 299.02 亿元，其中经济最为发达的广东、山东、浙江、江苏四省投资额分别为 17.62 亿元、20.91 亿元、26.22 亿元和 16.49 亿元，共占全国投资总额的 27.2%；而最低的青海省投资额为 1.47 亿元，不到全国的 0.5%。各地政府卫生投入方面的差距最终决定了地区卫生资源和医疗服务水平的差异及可及性地区差距。据卫生部统计，2004 年，我国东部地区卫生技术人员达到 188.25 万人，每千人口执业（助理）医师 1.70 人；而西部地区卫生技术人员仅为 109.87 万，每千人口执业（助理）医师 1.38 人。加上各地区人口密度因素，人口密集的东部地区卫生服务的可及性远好于地广人稀的西部地区。

从 2001~2005 年社会保障财政支出看，东中西三个地区的差距呈快速扩大趋势的特点：一是东、中、西三地支出呈明显的阶梯状，东部支出最高，中部其次，西部最低。从三地与均值的比较看，东部和中部高于均值，西部远远低于均值。二是三地支出差距呈扩大趋势，东西部差距从 2001 年的 519627 万元扩大到 2005 年的 1060576 万元，2005 年差距是 2001 年的 2.04 倍，差距年均扩大 19.53%。三是三地社会保障财政支出逐年递增，三个地区均值从 2001 年的 615585 万元增加到 2005 年的 1338735 万元，2005 年较 2001 年增长 117.47%。2001～2005 年，三地除东部、中部 2005 年较 2004 年比例有所下降外，基本呈逐年递增趋势。①

4. 当前我国基本公共服务存在群体差异。在我国经济转轨和社会转型过程中，由于资本和劳动收益差距、农业和非农业收入差距、垄断行业和一般竞争行业收入差距等的扩大，形成了不同的收入群体，这些群体之间存在明显的基本公共服务差异：高收入群体，特别是资源性产业和垄断企业职工、部分机关单位工作人员、领导干部收入不仅远远高于全社会职工平均收入，并且引发基本公共服务享受程度不均等；低收入群体尤其是农民、下岗职工和失业人员、民工和农村地区的广大居民所享受到的基本公共服务严重低于可比较的一般水平（如城镇职工平均水平），享受到的基本公共服务数量最少、层次最低、种类最不齐全，处于"生存底线不平等"状态。

（四）基本公共服务存在问题对社会经济发展造成的影响

正确认识和分析基本公共服务中存在的问题，不仅是我们认

---

① 李雪萍、刘志昌：《基本公共服务均等化的区域对比与城乡比较——以社会保障为例》，《华中师范大学学报》2008 年第 5 期。

识和把握基本公共服务的需要，而且也是改革和发展基本公共服务体制的需要。我国基本公共服务中存在的问题是总体水平提高基础上产生的问题，也就是说，是在满足共同需要目标下产生的，是在发展中产生的。尽管如此，但我们应当注意到，基本公共服务的这种状况已经对中国经济社会发展造成比较大的社会影响，当这些问题扩大到社会承受力的极限后，就会给经济乃至社会生活带来种种不利的影响和后果，甚至有可能导致改革进程的中断和社会的倒退。客观的认识和把握这些负面影响和后果，制定行之有效的措施和政策，缓解由这种现象引发的各种矛盾，实现社会经济全面发展。

1. 基本公共服务存在的问题不利于经济健康快速增长。经济的健康增长与需求密切相关。对于经济规模较大尤其是中国这样规模超大的国家而言，在经济的主要拉动力如出口拉动力、投资拉动力和内需拉动力三者当中，内需拉动力的作用要远远高于前两者。通过基本公共服务的满足，可以大幅度的缓解人们养老、医疗、教育方面的压力，增强人们的安全感，对未来生活有一个相对稳定的预期，从而减少个人储蓄，与之相联的是即时消费的增加，需求的扩大，为社会经济的发展维持一个稳定的消费市场，并防止经济大起大落对社会生产力造成的破坏，促进生产消费的良性循环，从而使经济发展建立在更加稳固的基础之上。相反，如果缺乏有效的基本公共服务制度，大量社会成员对未来生活具有一种不确定感，必然会压抑内需，经济增长将因逐步脱离老百姓的实际需要而最终停滞。医疗、教育、住房负担过重，已经成为影响人们消费信心的主要因素。许多城乡群众及其家庭省吃俭用、进行积蓄，大多因为子女上学、住房、医疗、社保、养老等问题没有解决，因而即便有消费能力也不愿消费，从而我国的消费需求仍显不足，消费对经济增长的贡献较低。三大需求对国民总产值增长的贡献率中消费的贡献率从 2002 年的 43.6% 下降到 2006 年的 38.9%①，一定程度上削弱了经济可持续发展的动力。在需求结构层面上，随着人民社会公共需求的日益增长，提供更优质、更全面的基本公共服务，满足公众对公共服务的有效需求，是解决供求失衡、推动经济持续健康发展的关键。

　　经济健康增长也与经济活动主体的素质相关。基本公共服务缺乏的社会，经济增长就缺乏活力。因为，在科学技术已成为第一生产力的现代经济中，只有将社会资源直接投向教育、医疗卫生等基本公共服务领域，才能不断提高人们的科学文化与身体素质，促进人力资本积累，从而为经济发展提供大批高素质、高技能的劳动者，增强经济发展的活力，推动增长路径从要素投入驱动型向生产效率提高型转变，在此基础上实现经济稳定持续的增长。

　　2. 基本公共服务存在的问题不利于社会稳定有序的发展。基本公共服务对于协调社会群体之间的利益关系，保证社会的安全，提升社会质量，实现社会的良性运行和健康发展，均有着不可替代的作用。

　　（1）保持社会稳定是一个国家正常运转和社会经济正常发展的根本保证。基本公共服务差距过大，会使不同群体、不同地区的社会成员之间产生种种隔阂和抵触，当这种状况发展到一定程度，势必会削弱社会的凝聚力和普遍的认同感，从而降低社会

---

　　①　李峻主编：《当前党员干部关注的若干重大理论热点问题》，人民日报出版社 2008 年版，第 154 页。

的整合力，甚至可能导致社会的动荡和分裂。正如邓小平指出的："中国有百分之八十的人口在农村。中国社会是不是安定，中国经济能不能发展，首先看农村能不能发展，农民的生活是不是好起来。"① "少部分人获得那么多财富，大多数人没有，这样发展下去总有一天会出问题。"② 如果随着社会发展进程的推进，社会财富越来越集中在少数社会群体、少数社会成员手中，那么说明社会发展的成果只是为少数社会群体、少数人所享用，社会成员是不会认同这种发展的，并且这种发展也容易引起大部分社会成员的抵制，引起社会动荡乃至政治上的不稳定。"不平等及其加剧的趋势成为对发展的限制与障碍的复合体。"③

（2）基本公共服务可以提升社会发展质量。社会的发展不仅有数值方面的要求，也应该有质量方面的要求。衡量社会发展的质量有一系列具体的指标，其中贫困治理、保障水平、环境保护、医疗卫生状况等许多指标正是基本公共服务所要关注并致力于改善的领域。如果基本公共服务发展中存在问题，即使 GDP 快速增长，实际生活质量则未必能提高，反而可能降低，并最终影响到整个社会的有序发展。世界银行发布的《2006 年世界发展报告》的主题就是"公平和发展"，强调公平、平等是发展的重要影响因素。报告指出，高度的经济和政治不平等，会破坏一个国家的经济增长和减贫潜力，因为不公平的制度或体制倾向于保护有权有势者和富人的利益，大多数人的利益受到损害，使中

---

① 《邓小平文选》第 3 卷，人民出版社 1993 年版，第 77—78 页。

② 冷溶、汪作玲主编：《邓小平年谱》（下册），中央文献出版社 2004 年版，第 1364 页。

③ ［瑞典］冈纳·缪尔达尔著：《世界贫困的挑战》，顾朝阳等译，北京经济学院出版社 1991 年版，第 44 页。

间和较贫困的群体难以发挥他们的才能，社会丧失了很多创新和投资的机会，整个社会的效率因此而降低。

（3）基本公共服务的成果是社会发展的支撑力量。人们享受到的基本公共服务状况不仅从一个侧面反映了一个国家或地区的社会经济发展水平，一定历史时期的社会发展状况都可以在公共服务这个断面得到集中的展示，而且基本公共服务归根到底是为了促进人的全面发展、促进社会的发展。社会发展是社会主体的需要满足和实践满足的过程。通过基本公共服务实现人的基本需要的满足、人的素质提高及人的潜能发挥是社会发展的本质。恩格斯强调指出，社会发展应包括"物"的生产和"人"的生产两方面。其中，"人"的生产更为根本，因为"物"的生产归根到底是为了人，社会发展中忽视基本公共服务、忽视人的价值，那社会发展就会变成畸形。

3. 基本公共服务供给体系的不公平会进一步拉大城乡、地区及贫富差距，从而对中国经济的平衡协调及可持续发展是非常不利的。再加上现行制度本身的缺陷及改革的滞后，对中国目前社会经济的全面发展会产生严重的负面影响。

（1）城乡基本公共服务供给上存在的众多差异会进一步拉大城乡差距。城乡差距有城乡收入水平差距、居民生活条件差距，有城乡经济社会发展差距。一方面，农村基本公共服务供给的短缺和不足是城乡收入水平差距、居民生活条件差距扩大的重要原因。从收入差距看，2006年，我国城乡收入差距为3.2：1，若把基本公共服务，包括义务教育、基本医疗等因素考虑在内，城乡实际收入差距已经达到5.6：1。按照这个分析，公共服务因素在城乡收入差距中的影响为30%～40%。或者，从另一个角度理解，在农民收入水平低、收入增长缓慢的情况下，还要用其有限的收入支付基本公共服务的成本，从而进一步降低了农民可支配收入水平。从城乡居民生活条件差距看，现实的农村基本公共服务状况使农民无法与城市居民一样，享有现代人类文明成果，按现代方式生活。在提高农民生活条件的农村基本公共服务中，农民享有基础教育、公共卫生、初级医疗、社会保障等是他们进一步享有现代产业文明进步成果（电信、邮电、交通、电力、水等基础产业）的基础。马克思曾经说过："因为要多方面享受，他就必须有享受能力，因此，他必须是具有高度文明的人。"① 基础教育可以使人在阅读、交流和辩论的过程中受益，大大提升人的自由度，使人能更好的享有产业进步给人类带来的好处，这将对人的生活质量的提高产生实质的影响。初级医疗卫生、社会保障有利于提高农民的营养健康水平。而国务院发展研究中心《推进社会主义新农村建设研究》课题组依据全国 2749 个村庄调查提供的资料，对农村公共服务状况所做的概括是：村庄道路状况差，饮水困难，公共文化薄弱，文化设施普遍较差，农村环境污染形势严峻，社会保障堪忧，医疗资源严重缺乏，教学质量问题严重。

另一方面，农村基本公共服务供给的短缺和不足会拉大城乡经济社会发展水平差距。因为基本公共服务状况改善是反映经济社会潜在发展、缩小城乡经济社会发展差距的重要变量。因为宏观的、外部的因素只是农村经济发展的必要条件，农村经济发展主要还是取决于内部因素。而"就农村经济发展内部诸因素看，

---

① 《马克思恩格斯全集》第 30 卷，人民出版社 1995 年版，第 389 页。

许多学者特别强调了农民素质的特殊意义。"① 在现代社会农民素质的提升又是与农村基本公共服务联系在一起的。在经济社会发展的不同阶段对农民进行实践活动要求的条件是不同的。在现代开放经济条件下，只有完善的基本公共服务提供给农民发展能力的客观机会，缩小农民与其他群体在整体经济社会发展进程中的起点差距，才能使农民参与到经济增长或者经济发展的进程中来。并且农村基本公共服务是农民适应社会进行自我培养的动力源，需要是推动人们从事各种活动的原动力，人的需要作为劳动创造活动的内在动因和目的，是不以人的意识为转移的客观存在。通过基本公共服务的提供满足农民生活中的实际需要，加快教育、卫生等公共事业的发展，解决上学难、看病难问题，加强农村基础设施建设，激发农民的创造性、推动农村经济的发展，进而把农民引向一种长期、健康和创造性的生活。

（2）基本公共服务的不公平拉大了地区差距。经济发展差距决定和影响基本公共服务的差距，而基本公共服务的差距一定程度上又会影响经济发展差距。东西部地区经济发展差距的形成原因错综复杂、相互交错，有客观原因，也有主观原因，有历史因素的沉淀，也有经济体制转轨的影响，有自然资源条件和地理位置的差异，还有基本公共服务的影响。如果基本公共服务的差距继续扩大，会加剧经济差距。就基本公共服务对地区差距的影响看，东部沿海地区教育水平高，信息丰富，福利基础好，在经济发展上具有明显的优势，而且凭借其良好的基本公共服务优势

① 刘传江、黄锟：《培养造就新型农民与农村经济发展》，《当代经济研究》2008 年第 3 期。

会吸引更多的人财物力资源。中西部地区在教育文化、医疗卫生和福利基础方面严重滞后于东部地区，信息渠道少，使中西部地区几乎陷入了一种封闭的状态。并且中西部地区的生产要素向东部地区非政策需求的逆向性流动，包括资源、资金和人才等，有碍于中西部自我发展能力的提高，形成"经济不发达——投资少且效率低——经济愈不发达"的恶性循环。从我国实际出发，缩小地区差距，重要的是缩小区域之间基本公共服务的差距。按照十六届六中全会的要求，中央财政转移支付资金重点用于中西部地区，尽快使中西部地区基础设施和教育、卫生、文化等公共服务设施得到改善，逐步缩小地区间基本公共服务差距。

（3）基本公共服务存在的问题不断拉大贫富差距。我国要有效缓解不断扩大的贫富差距，一方面要规范初次分配，另一方面必须高度重视政府的再分配功能、政府的基本公共服务功能。社会保障供给不足会拉大贫富差距，社会保障不仅承担着保障社会成员基本生活需要的功能，而且还具有另一个重要功能，即调节收入差距。很多发达国家和地区都将社会保障作为调节收入分配，缩小贫富差距，进而扩大国民整体福利的一个重要手段。而中国由于社会保障供给严重不足，使得社会保障不能够有效地发挥其调节收入分配的功能，导致了贫富差距的不断扩大；公共医疗供给不足会拉大贫富差距。在医疗体制改革中，整个公共医疗偏向市场盈利方向，政府公共医疗支出严重不足。1990～2003年，相比快速攀升的私人医疗支出，政府公共医疗支出所占比重呈现下降趋势。近年来，政府的公共医疗支出不断增加，但相比私人医疗支出，政府公共医疗支出的增加较为缓慢。由于政府公共医疗投入水平过低，医院运行主要靠向患者收费，从机制上出现了市场化的导向，导致普通民众"看病难"，甚至出现中低收入者"因病致贫"的现象，由此拉大了贫富差距；公共教育供给不足拉大了贫富差距。有学者估计，在导致贫富差距的各种因素中，教育因素大概占20%。公共教育支出整体不足，学校运行必须依靠收取学生费用来维持，其后果是直接和间接地拉大了贫富差距。从直接后果说，从20世纪90年代初至今，学费的涨幅比较大，支付孩子的教育费用往往占了居民家庭支出的很大份额，昂贵的学费直接拉大了贫富差距。从间接后果说，教育是提高人的劳动能力、获取收入的重要手段。据李实的实证分析，如果以小学以下文化程度的就业者收入基数为100，那么小学文化者的就业收入为150，初中文化程度就业者的收入为168，高中文化程度就业者的收入为176，中专文化程度就业者的收入为197，大专文化程度就业者的收入为212，大学以上文化程度就业者的收入为242。可见，教育影响着社会财富的分配。教育基本公共服务的问题不能有效解决，会使得不少贫困家庭的孩子失去上学机会，失去教育机会就意味着在将来的竞争中失去立足的资本，由此将拉大下一代的贫富差距。世界银行的反贫困报告也一再强调：在教育方面，政府应当采取再分配措施，以保证所有人都能免费得到基础教育或得到基础教育补贴。

二、现阶段基本公共服务
存在问题的原因探讨

只有分析现阶段中国基本公共服务中存在问题的深层原因，

才能进一步探求出促进基本公共服务发展的具体对策。我国目前仍然处于社会主义初级阶段，生产力发展水平低，经济基础薄弱，这是制约我国基本公共服务发展的根本原因。除此之外，发展理念的缺陷、政府职能转变的滞后、新自由主义对基本公共服务供给体制改革的干扰、具体制度的安排设计等，也在不同程度上影响和制约着现阶段基本公共服务的建设和发展。

（一）经济水平落后限制了基本公共服务的充足供给

衡量基本公共服务数量是否充足以及质量高低与否，主要应根据特定历史阶段的经济和社会发展水平来确定。依据马克思的剩余价值理论，剩余劳动是发展基本公共服务的物质基础，而国民经济的发展及增长又是剩余劳动的直接体现。经济发展可以最终决定可供分配的资源用以满足个人及社会的需求，所以经济发展才是政府基本公共服务的最重要的决定因素。当经济发展处于较低水平时，不管政府花多大的气力建立基本公共服务的基础，它所能掌握的资源是有限的。只有通过工业化的发展创造出大量新财富的时候，政府才有可能集中更多的资源，从而为基本公共服务创造必要条件。

长期以来我国经济不发达，缺乏提供基本公共服务的经济基础。经过三十多年的发展，我国成为全球第四大经济体，初步实现了小康。但从整体上看，这种小康还是低水平的、不全面的、发展很不平衡的小康，政府进行全方位基本公共服务供给的能力仍然有限。而随着人们收入和消费的增长，消费结构发生相应的变化，对基本公共服务的需求增加。从历史和国际经验看，公共需求的膨胀与经济发展阶段相对应，在国家现代化的过程中，当人均 GDP 迈进 1000 美元左右的小康门槛，向人均 GDP 3000 美元左右的全面小康水平迈进时，对基本公共服务需求会快速增加，如果政府能集中资源满足人们的共同需要，经济社会就具备可持续发展的基本条件。但当前政府对基本公共服务投入的增长速度落后于人们对基本公共服务需求的增长速度，基本公共服务的供给出现不足。

（二）发展理念的缺陷制约基本公共服务的有效供给

物本发展观的基本观点是把财富或经济的增长等同于发展，把国民生产总值（GNP）或国内生产总值（GDP）的增长作为发展的标准与目的，形成了以 GNP 或 GDP 增长为核心的传统发展理念。在这种理念的指导下，各国都以追求经济增长作为发展目标，一味追求经济的高速发展，似乎有了经济的发展，便有了一切。经济欠发达是我国的基本国情，所以经济发展是第一要务。我国在经济建设中，从"允许一部分人先富起来"到"摸着石头过河"，十多亿中国人创造了堪称"奇迹"的经济增长。在我国的发展过程中，经济增长曾一直被奉为圭臬，而社会发展则相对被忽视。因为公共服务和社会事业不仅投入大、收效慢，甚至往往只有财政支出而没有收入，因而被一些决策者视为负担。在这种错误思想的指导下，许多地方政府在配置公共资源时，习惯于优先投资于经济建设项目，而较少顾及基本公共服务领域。不仅投入少，而且本来就非常有限的公共资金还时常遭受被挤占、挪用的命运。追求速效而忽视增长的长期性的结果是：虽然短期内经济增长的目标实现了，但政府基本公共服务供给不足、水平低下的状况自然就在所难免。

实际上，发展不是单纯的 GDP 的增长，发展最终要反映在居民生活质量、环境质量的提高和制度公正与完备等社会发展指标上。GDP 虽代表了经济增长，但反映不出经济发展与社会进步是否协调、城市与农村是否协调，反映不出贫富差距、教育质量、生命健康、环境状况及社会和谐。发展也应当以人为出发点，无论物质怎么增加、经济怎么增长，最终都要落实到人的发展上。一切损害人的利益的增长都不能称之为发展，实现人的发展是发展的最终目的。这就要求以人本身及其需要为准则，进行基本公共服务等一系列的制度安排，增加基本公共服务的供给。

（三）政府职能转变滞后制约基本公共服务的适时供给

政府职能具有二重性，一是政治统治职能；二是公共管理职能。具体地讲，政治统治职能体现为掌握并使用国家机器对内巩固国家政权，维护政治统治和政治秩序，以维护统治阶级的利益；对外行使和维护国家主权，参与国际政治事务。公共管理职能分两类：经济管理职能、社会管理职能。政府的经济管理职能是生产力发展和生产社会化程度提高的客观需要。随着生产的发展，"一切规模较大的直接社会劳动或共同劳动，都或多或少地需要指挥，以协调个人的活动，并执行生产总体的运动——不同于这一总体的独立器官的运动——所产生的各种一般职能。"①
政府适应生产的发展，领导、组织和指导国家的经济建设，维护
经济制度和秩序，促进全社会经济的发展和进步，提高社会生产
力水平和人民生活水平、提高综合国力。政府的社会管理职能是
指为保持人类社会基本的生存条件而采取的必不可少的和最低限
度的措施，以缓解社会的矛盾和紧张，维护社会的稳定和秩序，
促进社会整体协调发展。

　　政府的职能是个整体，政治统治职能和公共管理职能是相互
联系和相互影响的统一体，并非是相互矛盾和对立的。在阶级社
会中，国家以及作为其代表的政府有不同的阶级属性，政治职能
有着质的差别，而公共管理职能却存在着许多相似之处。但政府
的公共管理职能是国家实行政治统治，执行政治统治职能的基
础，"一切政治权力起先总是以某种经济的、社会的职能为基础
的。"② 在一定意义上，政府的公共职能是统治阶级为了维护其
统治的合法性，通过提供大量公共服务来寻求广泛的社会支持，
"政治统治到处都是以执行某种社会职能为基础，而且政府统治
只有在它执行了它的这种社会职能时才能持续下去。"③ 因为管
理公共事务是社会和国家一般的共同的需要，但归根结底，又是
这个国家占统治地位的阶级维护政治的需要。

　　政府的职能不是从来就有的，而且也不会永远存在下去，并
且在不同时期有不同的侧重。政府职能的转变是现实提出的要
求，是随着实践的发展而变化和创新的。政府是社会生产力发展

---

① 《马克思恩格斯文集》第 5 卷，人民出版社 2009 年版，第 384 页。
② 《马克思恩格斯文集》第 9 卷，人民出版社 2009 年版，第 190 页。
③ 《马克思恩格斯文集》第 9 卷，人民出版社 2009 年版，第 187 页。

到一定阶段的社会分工的产物，起源于社会公共管理的需要并以这种需要为其活动的边界。"在社会发展某个很早的阶段，产生了这样的一种需要：把每天重复着的生产、分配和交换产品的行为用一个共同原则概括起来，设法使个人服从生产和交换的一般条件。这个规则首先表现为习惯，后来便成了法律。随着法律的产生，就必然产生出以维护法律为职责的机关—公共权力，即国家。"① 但在人类社会相当长的时间内，政府职能的重点是政治统治职能，特别是实行阶级统治和维护政治秩序的职能发挥得尤其充分，这是在生产力水平相对较低情况下，与统治阶级努力维护自身利益和巩固统治基础的要求相一致的。随着社会生产力不断提高和人类社会的进步，社会秩序发生了巨大的变化，社会生活极大地丰富，社会交往和沟通不断增加。阶级统治的稳固和社会的稳定不仅要求强化政治控制，而且还要求基本的经济保障和社会公正。这样，国家就需要积极地干预社会生活，政府的公共管理职能也就不断得到增强。特别是 21 世纪以来，国家对社会经济生活全面广泛的干预，使政府公共管理职能越来越重要，政府的公共管理成为整个社会正常运行必不可少的条件，政府日益成为社会的核心机构。就政府职能发展趋势而言，政府公共管理职能的重要性和影响力日益扩大。当然也不可否认，在特定的时期，政府的政治职能确有加强的需要。从政府职能演变的过程可以看出，政府的职能随着社会进步和经济发展而发生变化，即政治统治职能的弱化和公共管理职能的强化，这仅仅意味着政府职能的重心和管理方式的变化，并不是政府职能的弱化。

---

① 《马克思恩格斯选集》第 3 卷，人民出版社 1995 年版，第 211 页。

政府职能随着实践而发生的变化对经济具有反作用。对此，恩格斯曾指出："国家权力对于经济发展的反作用可以有三种：它可以沿着同一方向起作用，在这种情况下就会发展得比较快；它可以沿着相反方向起作用，在这种情况下，像现在每个大民族的情况那样，它经过一定的时期都要崩溃；或者是它可以阻止经济发展沿着既定的方向走，而给它规定另外的方向——这种情况归根到底还是归结为前两种情况中的一种。但是很明显，在第二和第三种情况下，政治权力会给经济发展带来巨大的损害；并造成人力和物力的大量浪费。"① 任何一种政府体制，只有适应经济基础的变迁而变革、发展和完善，才能对经济社会发展发挥重要的推动作用。

政府职能的变化应该与社会经济发展的要求相适应。从我国政府职能转轨的现实看，改革开放以来，我国政府职能的重心经历了从以阶级斗争为纲到以经济建设为中心的历史性转变，政府以政治统治职能为主到公共管理职能为主的转变极大地推动了我国经济的发展，提高了人民的生活水平，增强了国家的实力，取得了举世公认、有目共睹的成就，为以后的发展奠定了良好的基础。但政府公共管理职能中的经济管理职能和社会管理职能的转变却不协调，存在滞后性。

从经济发展阶段看，改革开放后，我国政府把主要的精力放在经济建设上面，政府职能的转变是围绕经济职能为重心展开的，某种程度上忽视了经济以外政府应当承担起来的社会管理职能。不可否认的是，政府的这种职能特点在客观上符合了经济社

---

① 《马克思恩格斯选集》第4卷，人民出版社1995年版，第701页。

会发展形势的需要，起到了推动经济发展、积累社会财富的作用，也为发挥政府的社会管理职能打下了较为坚实的经济基础，这样一种政府职能特征在当时的历史条件下是有其客观必然性的。但是，与此同时，政府也形成了"重经济、轻社会"的理念。随着市场化改革进程的加快，市场在经济资源配置中的基础性作用日益发挥出来，政府的管理理念和方法也应随之变化，及时进行角色转换与职能调整。但是在现实经济生活中，由于长期形成的管理思维定势和管理模式的固化，特别是在原有的管理模式中形成的各级政府间及部门的利益格局问题，使得我国政府重经济管理、轻社会服务的理念没有根本改观，所以造成了一些矛盾，突出表现为政府职能的越位与缺位：一是政府充当经济建设主体和投资主体，既当裁判员又当运动员，为市场主体服务和创造良好发展环境方面却不到位，越来越不适应市场经济发展的要求；二是片面强调对经济增长的投入，忽视社会事业投入的巨大社会效益，忽视环境保护和资源节约，出现了诸如社会贫富分化、环境生态严重破坏等问题；三是不恰当地把一些本应该由政府提供的公共服务推向市场、推向社会，出现了基本公共服务供给严重不足等问题，这些问题的产生与发展，已经成为我国进一步发展的障碍。

从社会发展阶段来说，我国正处在从一般温饱社会向全面小康社会加快发展、从传统农业社会向工业社会加速转型的关键时期。在这一进程中，广大社会成员的公共需求全面、快速增长同公共产品短缺、基本公共服务不到位的问题成为日益突出的阶段性矛盾。特别是广大农民在义务教育、医疗、养老保障、就业培训等方面潜在的公共需求开始转化为现实需求，尤其是上亿农民工日益强烈的基本公共需求，要尽快采取措施妥善解决。这一社会转型对政府的社会管理职能提出了要求，应适应时代的要求加强社会管理和公共服务，应加强城乡公共设施建设，发展社会就业、社会保障服务和教育、科技、文化、卫生、体育等公共事业，为社会公众参与社会经济、政治、文化活动提供保障和创造条件。而当前政府却表现出明显的"短腿"，对应当解决的就业、收入分配、社会保障、教育、卫生保健、资源环境等问题的关注很不够，经济快速增长所积累的财政存量的支出并没有向社会管理和公共服务领域倾斜。政府职能在社会管理领域的"缺位"，造成社会发展严重滞后于经济发展。

（四）新自由主义对基本公共服务
供给体制改革的干扰

新自由主义是20世纪30年代后逐渐形成和发展起来的西方经济学说，主要以哈耶克、艾哈德、弗里德曼、布坎南等人的思想和理论为代表，它是在继承资产阶级古典自由主义经济理论的基础上，以经济自由主义和反对国家干预为基本特征。20世纪70年代以来，随着西方经济陷入滞胀，凯恩斯主义遭遇失灵，新自由主义得到了空前发展，其基本主张就是自由化、私有化和市场化。在公共服务领域，他们的主张是：市场是资源配置的最好方式，反对公共部门在公共支出、借贷、税收及公共服务方面扩张，宣称私营部门的供给比公共部门更有效率；经济增长带来的"滴漏效应"有利于提高人们的生活水平，有利于社会再分配的进行和基本公共服务的实施。20世纪80年代，西方国家普遍以新自由主义或新右派的理论作为指导思想，采取了减少社会福利支出的公共服务政策。

社会领域广泛使用市场机制这一概念，作为"最有效的资源配置形式"的市场被当成解决很多社会问题的最有效的办法，在社会管理工作中集中表现为基本公共服务的"市场化"，出现了过度市场化的倾向。各项基本公共服务纷纷进行市场化改革，放权让利、政事分开、分类拨款、推向市场。改革中部分事业单位走上了独立经营的企业化道路，几乎所有事业单位都引进了经营性的内部管理机制，"创收"、"增收"成为事业单位日常工作的"硬道理"，社会公共服务中普遍的收费行为成为见怪不怪的普遍现象。一些地方在很短的时间内将原国有社会事业单位进行产权拍卖或以股份化等方式出让给民间经营，一时间医院、学校、幼儿园等都改姓了"私"。

同时，基本公共服务市场化的过程也变成了政府推卸社会责任和逐步减弱公共投入的过程。政府不仅鼓励老百姓找市场解决问题，其自身也从市场中寻找解决社会问题的出路。凡是政府没有能力解决的问题，都交给市场去自发调节。例如，1990年代在温州流传这样的说法：老百姓有困难"找市场而不找市长"。可以说，在市场化、社会化或产业化等概念被引到几乎所有社会服务领域中后，"买服务"几乎成了所有人日常生活的一部分，随着经济和财政增长，公共投入不仅没有增加反而逐步减弱。

实践证明，改革以来，在社会服务领域引入市场机制，普遍采取的一个方式是服务收费。在城市，各种服务收费是很多政府部门获得额外经费的重要渠道；在农村，费税改革之前，基层政府要靠收费来弥补财政经费不足。市场机制的引入不仅没有使社会大众获益，反而削弱甚至直接剥夺了社会成员获得基本社会服务的权利，增加了社会不公平。即使在许多发达国家，服务收费是在首先保证社会成员基本社会服务权利的同时，对那些有特殊需要的非贫困人们收取服务费用。那些与人民日常生活保障密切相关的、必不可少的社会福利和服务，对一部分人、特别是贫困人群来说，必须是"免费的午餐"，这是政府保证社会公平的主要内容。然而在中国，市场的高效率被简单地等同于"没有免费的午餐"，服务收费被广泛地运用于几乎所有领域和部门的服务中，包括社区服务、养老、托幼以及教育和医疗等基本社会服务。在社会服务领域，简单地用服务收费来体现市场效率、进而用市场取代政府，不但未能"兼顾公平"，长远来看，也没起到提高效率的作用。例如，近年来，在城市和农村医疗服务领域的收费使得因贫致病、因病返贫现象已经成为一个新的社会问题，它不仅导致了不公平，还直接影响了经济效率。

实际上，市场并非在任何领域或任何环境下都是高效的。在社会有机体中，企业及各种经济部门引进市场机制、发展生产、追求经济价值具有可行性。但教育、文化卫生这些领域属于再分配领域，应有相对独立的非经济价值追求，无限制地把市场竞争机制引入到这些领域，由于市场并不具备再分配功能，必将把社会人文取向引向单一经济取向，导致社会畸形发展。何况，在中国，市场机制在经济领域本身发展就不完善，在公共服务领域，竞争这一市场的基本要素更是完全不存在，例如，由于政府投入严重不足，教育和医疗服务长期供需失衡，使得服务使用者处于劣势，对服务的价格和质量不能产生任何影响。显然，这种背景下的市场化，只能是强势集团的霸权化，采取"服务收费"必然会削弱低收入和贫困人群抵御风险的能力。

（五）具体制度安排设计影响了
基本公共服务的公平供给

随着经济和社会的发展，用于基本公共服务的资源更加充足，满足人们对基本公共服务需求的程度也应该逐步提高。然而，我国经济快速增长的同时，基本公共服务的城乡、地区及个人享有的差距不但没有缩小反而呈现加剧的态势，这有多方面的原因，但制度的不合理应该是重要原因。

不合理的城乡"二元"社会结构，导致基本公共服务的城乡差距巨大。"二元"社会结构下，城乡居民两种身份制度、教育制度、就业制度等，不仅使城乡居民人均收入差距日益扩大，而且使农民不能同等享有城市居民在政府公共服务方面的权利，基本被排除在政府公共服务体系之外，这使得原本就相对贫困的农民生存和发展更加艰难。再加上"二元"社会中长期实行"重工轻农"、"重城轻乡"的发展战略，使得农村在政府公共投入方面难以与城市比肩，更扩大了政府公共服务的城乡差距。虽然近年来，由于对"三农"问题的重视，取消了农业税，并且政府财政对农村的投入显著增加，但由于历史积欠甚巨，基础薄弱，农村公共服务的改善依然任重而道远。

基本公共服务主要由地方政府负责提供的制度，导致基本公共服务的地区差距明显。经济发展失衡是导致基本公共服务不均等的基本原因。地方经济状况与投入水平是决定地区基本公共服务水平的标志，一般地，把各地区 GDP 总量、人均 GDP 水平、地区财政收入以及人均财政收入作为衡量一个地区基本公共服务的基本指标。我国是一个超大型的发展中国家，区域经济条件、经济结构、经济运行质量等诸多因素综合决定了地区间经济发展水平存在不同程度的差异，这直接影响着各地的财政收支能力，致使各地财政提供公共服务能力的差距加大，基本公共服务的地区差距随之不断扩大。经济发展水平高的地区，一般税源基础稳定，财力充裕且增长速度很快，政府提供基本公共服务的能力很强，反之就弱。由于财政对经济的反作用，财力规模越大，水平越高，其通过基本公共服务对地区经济发展的推进力就越强，形成经济与财力同步相互递增的良性循环，反之亦然。并且，在相同支出项目上，各地财政提供公共服务的成本高低不同。一般而言，越是边远、欠发达的、地广人稀的区域，提供公共服务的单位成本越高，政府提供公共服务的能力缺口越大。因按地方经济实力水平高低提供基本公共服务的制度导致不同地区居民享有基本公共服务的不平等。

我国各级政府之间的事权与财权安排不合理，导致基本公共服务的不足。事权上的不合理主要体现在中央与地方在农村基本公共服务职责界定模糊，划分不清、分工不规范、不明确。基本公共服务的事权，主要由县乡基层财政来承担，像义务教育、公共卫生、社会保障和福利救济等支出大都由基层财政负担，承担着许多本应该由上级政府承担的支出。在市场深化的过程中，由国有企业和人民公社等方面的组织结构变迁而"释放"出来的许多社会性事权也不得不由地方政府首先承揽起来。从财权和财力来看，基层政府没有税收立法权，没有举债权，也没有独立的主体税种，收入主要依靠共享税，使其掌控的收入极其有限，而转移支付又不到位。据统计，目前拥有占全国人口 70% 以上的县乡财政组织的收入仅占全国财政收入的 20% 左右。事权的层层下移，财权层层上收，客观上造成了基本公共服务体系的财政保障能力的缺位，由于县乡镇政府财力有限，公共服务能力也十分薄弱，提供的公共服务数量有限、质量不高，影响了生产的发展和人民福利的改善。

基本公共服务的理论认识和实践改革存在偏差，导致基本公共服务人群间的差距较大。基本公共服务的对象是全体社会成员，每一个社会成员都具有平等的享有基本公共服务的权利，并且，我国基本公共服务的任务更为复杂和艰巨。但是在基本公共服务的实践中，缺乏理论上的前瞻性和实践上的主动性。长期以来，对基本公共服务的认识存在偏差，不是从促进人的发展和经济社会和谐发展的角度，而是仅仅从解决经济体制改革过程中出现的具体问题、与市场经济相配套的角度理解基本公共服务。这一认识直接制约着基本公共服务制度的变革实践，"头痛医头，脚痛医脚"作为制定各种具体基本公共服务制度的基础，过分强调基本公共服务的实用性，把基本公共服务作为解决经济发展过程中产生的具体社会问题的一种手段，而不是社会设置中具有独立性质的制度安排。于是，当国有企业改制时，我们才对相关群体的基本公共服务制度进行改革；当大量农民工涌进城市出现许多社会问题时，我们才考虑如何给他们提供必要的养老、医疗、工伤、失业以及子女教育等保障措施；当部分群众看不起病时，我们才考虑如何健全城乡居民医疗救助制度、完善医疗保险制度、建立新型农村合作医疗制度。由于缺乏必要的整体性、体系性和同一性，目前中国基本公共服务制度不可能有效地保障社

会成员基本生活状态、保证社会成员平等的发展条件、维护社会
公正。

三、西方国家基本公共服务
实践的考察与借鉴

鉴于我国当前基本公共服务改革中存在的问题及对其原因的
分析，考察西方国家基本公共服务实践，探求其某些有效的做
法，对其进行选择性借鉴，可以为解决我国基本公共服务中的问
题提供一些思路。

西方国家基本公共服务供给是政府的重要职责，政府担负着
不容推卸的责任。但是，由于历史和现实因素的差异，各国政府
公共服务的供给模式有所不同：以美国和英国为代表的盎格鲁—
萨克逊模式的特色在于坚持公共服务的市场导向；欧洲模式是一
种以社会福利为主的公共服务模式，包括法国、德国等欧洲大陆
国家的政府有限市场化的大陆欧洲模式和完全由政府通过高税收
和高福利的形式予以承担的北欧模式；东亚模式的重要特征在于
政府对公共服务领域的直接干预。这三种相对成熟的基本公共服
务供给模式有一些共同的特征和基本的发展趋势。

第一，政府在基本公共服务中承担首要责任。西方发达国家
都把基本公共服务作为政府的重要职能，广泛介入市场不能发挥
作用或不能充分发挥作用的义务教育、初级医疗保健、养老保
险、失业保险、贫困救济、国民收入再分配、环境保护等公共服
务领域，通过增加社会性公共支出保证公民平等地、充分地获得

教育、卫生等基本公共服务。据有关统计，1998—2000年，英国、法国、德国、瑞典、丹麦等国公共教育支出占政府总支出的比重分别为11.4%、11.5%、9.7%、13.4%、15.3%；社会保障总支出占公共总支出的比重分别为54.9%、55.3%、52.1%、50%、52.5%。① 虽然自20世纪70年代后期西方国家普遍限制和削减社会性公共服务支出，但从改革的结果来看，却并没有改变社会性公共服务占政府公共服务支出主体地位的格局。如2001年，美国政府用于社会保障、医疗保险与补助等社会性公共服务支出占政府预算支出的比重仍然高达50%以上。即使改革后引入了市场机制，但并不是分散政府的责任，而是政府责任的优化。它是通过寻求一种对公共服务投入的合理定位和平衡，使政府更加有效地承担其公共服务的基本职责。

第二，基本公共服务提供主体多元化，实现国家机制、市场机制和社会机制的有机结合。发达国家提供基本公共服务的主体并不是单一的，在三种不同的公共服务供给模式中，政府、市场和社会都在发挥着各自的独特作用。盎格鲁—萨克逊模式相对强调市场的作用，欧洲模式比较重视政府的力量，而政府强力主导的东亚模式也在逐步引入市场机制。尽管在基本公共服务提供中政府、市场和社会发挥的作用有所不同，但都是通过三者的有机协调组合完善基本公共服务供给体系。

第三，提供基本公共服务的政府部门组织实体多样化。在国家部委和国有企业这两种传统的组织形式提供基本公共服务的基

① 唐铁汉、李军鹏：《国外政府公共服务的做法、经验教训与启示》，《国家行政学院学报》2004年第5期。

础上，还有从传统的政府部门剥离出来的的实体组织承担基本公共服务的供给职能。其中主要有"部门代理机构"和"公法行政实体"两大组织形式。部门代理机构，又被称之为"授权"型服务提供者，它们是政府部门的直接下属单位，作为政府部门的直接下属单位，部门代理机构不具独立法人地位，适用政府部门的常规管理程序。各国的具体实例有：德国的联邦直接行政机构、瑞士的委托机构、英国的执行政机构等。部门代理机构没有独立的法人地位，与传统政府部委的主要区别是拥有更多的管理自主权，并且要在与上级主管部门协商订立的管理业绩合同框架内开展工作。通过赋予这些公立服务机构以足够的自主权，进一步提升了公共服务供给的效率和质量。公法行政实体，虽种类繁多，但基本上都属于"独立"的服务提供者，其与政府部委的主要不同是拥有独立法人地位和不同的治理结构。其控制权归理事会，再由理事会委托给行政主管。机构的资金可以完全来自税收，也可部分来自税款、部分来自用户付费。人员身份有的完全同于公务员，有的部分等同于公务员，或者受普通劳动法的约束。[①]

　　第四，私人部门和非营利组织作为重要主体参与公共服务的提供，使公共服务提供成为一个开放的、公众参与的机制。公共服务生产和提供及政府直接生产和间接生产的区分实际上为基本公共服务生产环节最大限度地引入社会机制和市场机制提供了理论依据。公共服务的生产可以由私人承担，政府可以采取合同外

---

　　① 参见刘淑珍、王德娥：《公共服务提供的国际经验及其借鉴》，《山东社会科学》2008 年第 7 期。

包、政府采购许可经营、政府资助、政府参股等间接生产方式。这样，私营部门通过"外包"等手段参与到公共服务提供中来。非营利组织在许多发达国家都是公共服务的重要主体，其参与公共服务的基本运作模式是：政府规划和确定服务的内容，非营利组织根据自身的能力、活动范围、宗旨等因素承担项目，并接受政府资助。北欧各国通过扩大资本投资自由、促进行业分化和重组、公共部门购买私营部门的服务等措施，也强化了公共服务供给的竞争激励机制。公共服务多元提供不仅能发挥国家、市场和社会各自的比较优势，拓展公共服务发展的渠道，而且有效地促进了竞争，扩大了公众的选择。

第五，重视中央与地方在基本公共服务方面的职能分工，分别发挥不同层级政府在基本公共服务供给方面的作用。在现代各国，基本公共服务职能都不是由某一级政府独自实现的，需要不同层级政府的分工合作来共同完成。一般说，中央（或联邦）政府提供政府的主要职责是提供全国性公共服务，地方政府的主要职责是提供地方性公共服务，中央和地方的共有职责是提供跨区域性的公共服务。例如美国对联邦、州及州以下政府职责的划分：联邦政府的职责范围是国防外交、联邦公路、铁路、航空、邮政等公共事务；州政府职责范围是公共交通、高等教育、治安等州级公共事务，执行联邦政府的援助，对州以下地方政府提供财政补助，监督地方政府服务提供等；公共设施建设、医疗卫生、社会福利教育、环境保护等，则属于各级政府的共同职责。

第六，建立严格有效的基本公共服务监管体制。在公共服务提供的过程中，政府干预的方式包括生产、资助和监管。随着技术进步和市场机制的不断完善，政府监管已成为效率相对较高、成本最低的一种政府干预方式。一是建立相对独立的专业化监管机构。监管机构独立于利益集团和政党政治，代表公众利益，实现公正、公平和可问责。如英国在对电信、电力、铁路、供水、天然气等网络性基础设施进行民营化改革的同时，按照美国的模式成立了专业化、独立运作的监管机构，这是属于政府内但独立于政策部门的监管部门。二是强化社会性监管。市场经济发达国家在扩大监管范围的同时，监管的重点逐步从经济性监管过渡到社会性监管。如美国在过去 20 多年中，不断加强社会性监管，包括在劳动安全与健康、环境、公共卫生等领域的监督。特别是环保署、卫生管理署的建立，使联邦管理机构的数量大量增加。三是强化对监管者的监管。美国针对监管机构出现效率低下、监管过多和监管俘获等情况，在放松经济性监管，强化市场配置资源的同时，加强了对监管机构的监管程序和效率的管理，要求必须对政府行政行为进行成本效益分析，特别是对所有的监管规则实行监管影响分析。[①]

　　西方国家基本公共服务实践是在经济社会发展到一定程度推行的，坚实的经济社会基础条件为基本公共服务的推行创造了一个良好的外部环境。而我国经济欠发达和体制转轨的现实使我们的基本公共服务面临着比西方发达国家多得多的约束条件，所以解决我国基本公共服务改革中存在的问题是一个渐进而艰巨的过程，而这个过程并不是孤立的过程，它有赖于政治、经济和社会体制改革的整体协调推进。解决我国基本公共服务建设问题首先

---

　　① 参见刘淑珍、王德娥:《公共服务提供的国际经验及其借鉴》,《山东社会科学》2008 年第 7 期。

必须采取符合中国国情的"广覆盖、低水平"的基本公共服务提供方式。在推行过程中，应突出重点，循序渐进，制订全国基本公共服务的最低标准，在对象上侧重于保障贫弱者，在空间上侧重于西部和农村，随着经济社会的发展实现基本公共服务的可持续提供。其次，需要政府在更大范围和更高层次上为基本公共服务体制建设提供强有力的基础性制度保障，政府在基本公共服务中的角色主要不是直接提供服务，而是政策制定和监管。以相关法律制定及政府监管为前提，发挥政府、市场和社会的作用。

第四章　现阶段基本公共服务
建设的思考

　　针对现阶段我国基本公共服务改革中存在的问题，进行基本公共服务建设需要从马克思主义共同需要思想的主要内容中明确当前基本公共服务的价值取向和原则。以满足现阶段社会发展的共同需要现实为基础，对现阶段义务教育、社会保障、医疗卫生服务及现代基础产业等基本公共服务建设提出建议。

一、现阶段基本公共服务建设的价值取向

　　马克思主义共同需要思想强调的是实现人全面而自由地发展，这个目标和我国现阶段的实际相结合，在基本公共服务建设中应把以人为本作为价值取向。以人为本，就是要把人民的利益作为一切工作的出发点和落脚点，不断满足人们多方面的需求和促进人的全面发展，就是从人民群众的根本利益出发谋发展、促发展，不断满足人民群众日益增长的物质文化生活需要，切实保障人民群众的经济、政治和文化权利，让发展成果惠及全体人

民。以人为本是社会主义社会的本质要求和自觉追求，用以人为本来规范现实社会及其发展，在基本公共服务实践中为人的全面而自由的发展积极创造条件，努力促进人的全面发展。

以人为本的前提是坚持生产资料的公有制，因为只有在生产资料公有制的条件下才能实现以人为本。在资本主义制度下，资本家促进生产发展的目的是追求剩余价值，在以私有制为基础的资本主义生产关系下是不可能以人为本的，经济发展与人的发展是相背离的，社会生产力迅猛发展，但经济发展的成果只为少数人享受，劳动群众只是创造物质财富的手段。资本家作为人格化的资本，他的动机，不是使用价值和享受，而是追求更多的交换价值。"他狂热地追求价值的增殖，肆无忌惮地迫使人类去为生产而生产，从而去发展社会生产力，去创造生产的物质条件：而只有这样的条件，才能为一个更高级的、以每个人的全面而自由的发展为基本原则的社会形式创造现实基础。"[1] 可见，在马克思心目中的未来高级社会——共产主义社会，必须实现每个人的全面而自由发展。恩格斯在《卡尔马克思》一文中说，在社会主义制度下，要通过有计划地组织全部生产，使社会生产力增长到能够保证每个人的一切合理的需要日益得到满足。在《反杜林》中指出，在实现生产资料社会占有的社会主义制度下，将消除对生产力和商品的浪费和破坏，这种浪费和破坏在资本主义经济危机时达到顶点。社会主义将通过生产，"不仅可能保证一切社会成员有富足的和一天比一天充裕的物质生活，而且还可能

---

① 《马克思恩格斯全集》第 23 卷，人民出版社 1972 年版，第 649 页。

保证他们的体力和智力获得充分的自由的发展和运用。"① 列宁深刻地指出社会主义要"使所有劳动者过最美好、最幸福的生活。只有社会主义才能实现这一点。……而马克思主义的全部困难和它的全部力量也就在于了解这个真理。"②

以人为本既是生产资料公有制基础上的社会主义生产关系的要求和体现，同时也为社会主义经济发展提供了无穷的动力。公有制为基础的生产关系强调生产资料归全体社会成员共同所有，公有制经济作为国家引导、推动经济和社会发展的力量，社会产品也必然为全体社会成员所有。这就决定了人们从事生产活动的唯一目的，是为了满足全社会的物质文化生活需要和人本身的发展。从我国近年发展实践看，随着公有制经济发展效益和发展质量的不断提升，落实以人为本的发展目的措施显示出来，人民生活水平获得稳步提升。把最广大人民的根本利益作为出发点和落脚点，能够极大调动生产者的积极性、推动社会经济发展。在发展战略上真正做到"以经济建设为中心"并不容易，经过几十年的反复，并总结了经验教训，才把人们的思想统一到真心实意抓经济上来。但发展战略并不等同于发展目的。特别是在基本解决了温饱问题以后，人们把关注的重点逐渐转移到社会环境、生态环境和道德环境上来，转移到对教育、文化和精神方面的需求上来。

以人为本要求把人的发展作为重要目标、逐步提高人的全面发展水平。社会主义基本公共服务制度是在对社会成员进行社会

① 《马克思恩格斯选集》第 3 卷，人民出版社 1995 年版，第 633 页。
② 《列宁选集》第 3 卷，人民出版社 1995 年版，第 546 页。

保护、保障每位公民的基本生存权和发展权、维护社会公平的基础上，促进社会经济发展、实现成果共享。在制度设计上真正保障每一位社会主义公民的共同需要权益，体现社会公平和正义原则，真正做到坚持以人为本，着力解决关系人民群众切身利益的突出问题，把建设基本公共服务体系作为加强执政能力建设的一项重要任务抓好、落实好，尽最大限度地满足广大人民群众的需要。中国是一个经济不发达的国家，大多数人还不富裕，一些老、少、边、穷地区还很落后，人民群众的温饱尚未得到完全解决。目前，我国城镇失业人员有 700 余万，贫困人口在城市达 3000 万，农村有 8000 万，他们的衣食和医疗都面临很大困难。解决这些问题成为构建社会主义和谐社会基本公共服务制度的当务之急，通过基本公共服务体系的建立为其生存提供最基本的物质生活条件。在解决社会成员的基本温饱问题后，还要保证社会成员的基本发展条件，随着社会主义经济的逐步发展，要使每个社会成员的基本权益得到保障、基本需要不断得到满足、其天赋和潜能不断得以开发、生活水平和质量不断提高。这既是现代文明的标志，也是社会主义的本质要求，社会主义和谐社会应当"结束牺牲一些人的利益来满足另一些人的需要的状况……所有人共同享受大家创造出来的福利，通过城乡的融合，使社会全体成员的才能得到全面的发展"。① 但是，如果发展的结果是只有一部分人，甚至是一小部分人占有发展成果，或者说一部分的获益以另外一部分人的损失为代价，那么这种发展是不为社会成员所认同的，由此，这种发展也容易引起大部分社会成员对发展进

---

① 《马克思恩格斯选集》第 1 卷，人民出版社 1995 年版，第 243 页。

行抵制，引起社会动荡乃至政治上的不稳定。正如邓小平指出的：“少部分人获得那么多财富，大多数人没有，这样发展下去总有一天会出问题。分配不公，会导致两极分化，到一定时期问题就会出来。这个问题要解决。过去我们讲先发展起来。现在看，发展起来以后的问题不比不发展时少”。① 基本公共服务体系的建立可以通过制度来保证社会成员能够分享与社会发展总体水准大体相当的社会发展成果，这在一定程度上有助于促进发展成果的公平分配，使得那些在发展进程中由于各种原因获益较少甚至受损的人得到一定程度的补偿，从而缓和其对于发展的抵触情绪，增进其对发展模式和发展方向的认同，维护和巩固社会发展成果。

二、现阶段基本公共服务建设的原则

　　马克思主义共同需要思想是制定基本公共服务建设原则的内在要求，我国基本公共服务的现实是制定基本公共服务建设原则的外在条件。把实现共同需要的手段方式及途径、满足共同需要的根本目的和基本公共服务面临的问题相结合，明确现阶段我国基本公共服务应坚持发展经济和基本公共服务改革结合、以基本公共服务制度安排促进收入公平分配、政府与市场结合、供给与需求结合的原则。

---

　　① 冷溶、汪作玲主编：《邓小平年谱》（下册），中央文献出版社 2004 年版，第 1364 页。

（一）发展经济和基本公共服务改革结合

基本公共服务的发展不可能是一个自发的过程，而是一个需要全社会共同努力进行建设的过程。长期以来，发展与改革的政策目标主要集中在促进 GDP 增长上，一部分官员把经济建设绝对化，甚至把单纯的 GDP 增长作为衡量政绩的唯一标准，基本公共服务建设则在一定程度上被忽视了。从基本公共服务问题涉及的经济、社会、政治生活中的基本矛盾来看，它们所反映问题的广度和深度，都已超出了经济建设所能解决的范围，甚至于许多问题就是在单纯追求经济增长的过程中形成与积累起来的。

在当前发展中，我们应树立"以经济建设为中心"与"更加注重基本公共服务建设"相统一的思想。我们是处于社会主义初级阶段的发展中国家，人口众多，经济还不发达，这是我们的基本国情，因此我们在考虑建立社会基本服务体系的时候，必须要与基本国情，与国家、各地区的经济发展水平相适应，而不能超越这个发展阶段。1987 年 10 月党的十三大报告明确指出，我国正处在社会主义初级阶段。这个论断，包括两层含义：第一，我国社会已经是社会主义社会。我们必须坚持而不能离开社会主义。第二，我国的社会主义社会还处在初级阶段。我们必须从这个实际出发，而不能超越这个阶段。社会主义初级阶段的客观实际或中国国情主要表现在以下两个方面：一方面，我国社会已经是社会主义社会，我们只能按照社会主义本质的要求，按照社会主义社会的发展规律，特别是按照中国特色的发展规律的要求，来构建我国基本公共服务体系。另一方面，经过全党和全国人民的共同努力，人民生活总体上实现了由温饱到小康的历史性跨越，达到小康水平。但是，必须看到，"我国正处于并长期处于社会主义初级阶段，现在达到的小康还是低水平的、不全面的、发展很不平衡的小康，人民日益增长的物质文化需要同落后的社会生产之间的矛盾仍然是我国社会的主要矛盾。"[①] "变革生产关系和社会制度，一定要从生产力发展的实际需要出发，而不能从这样或那样的主观臆想出发"。[②] 这就是说，我们必须从社会主义初级阶段的客观实际出发，基本公共服务改革的理论思考、制度设计、各项政策措施都必须从社会主义初级阶段的客观实际出发，而不能随意超越这个阶段。

事实上，经济建设与基本公共服务建设二者之间并非根本对立，而是有机统一的。经济发展是基本公共服务得以加强的基础，只有经济发展了，才能有充足的财力支持基本公共服务；同时，只有政府提供了充足优质的基本公共服务，才能更好地促进经济发展。

经济建设的快速发展，可以为基本公共服务的发展提供坚实的财力基础。正如毛泽东同志在1942年12月《抗日时期的经济问题和财政问题》一文中指出的："财政政策的好坏固然足以影响经济，但是决定财政的却是经济。未有经济无基础而可以解决财政困难的，未有经济不发展而可以使财政充裕的。……财政困难，只有从切切实实的有效的经济发展上才能解决。忘记发展经济，

---

① 中共中央文献研究室编：《全面建设小康社会，开创中国特色社会主义事业新局面》，中央文献出版社2005年版，第14页。

② 薄一波著：《若干重大决策与事件的回顾》（下册），中共中央党校出版社1993年版，第1281页。

忘记开辟财源，而企图从收缩必不可少的财政开支去解决财政困难的保守观点，是不能解决任何问题的。"① 解决共同需要问题的根本出路在于发展社会生产力。国民经济不发展，基本公共服务的提供也就成了无源之水。为了更好地促进基本公共服务的大发展，需要经济建设的大发展为其提供必要的财力支撑和动力之源。

基本公共服务的健康发展，又有助于经济建设的可持续发展。人的需要作为劳动创造活动的内在动因和目的，是不以人的意识为转移的客观存在，是推动人们从事各种活动的始源动力，"任何人如果不同时为了自己的某种需要和为了这种需要的器官而做事，他就什么也不能做。"② 通过基本公共服务建设，加快教育、卫生等公共事业的发展，解决上学难、看病难问题，激发人们的创造性、推动社会经济的发展，进而把人们引向一种长期、健康和创造性的生活。如果基本公共服务建设滞后，导致各种社会矛盾累积，不仅经济建设的社会环境将遭到破坏，而且经济建设的本来目的也将偏离。当前，我国强调要更加注重基本公共服务的发展，一方面是因为基本公共服务建设滞后，出现了经济社会发展的不协调。另一方面基本公共服务的发展不仅仅是为社会事业本身的发展，也是为了经济建设的更好更快发展。

（二） 以基本公共服务制度安排
促进收入公平分配

中国在从计划经济体制向市场经济体制转轨进程中，伴随着

---

① 《毛泽东选集》第3卷，人民出版社1991年版，第891—892页。
② 《马克思恩格斯全集》第3卷，人民出版社1960年版，第286页。

经济的持续高速增长，出现了经济增长成果分享不均的现象，收入分配不平等、收入差距不断拉大成为影响社会和谐发展的重大问题。

随着经济环境的不断变化，我国收入分配理论和政策也在不断创新和发展。党的十三大报告指出："我们的分配政策，既要有利于善于经营的企业和诚实劳动的个人先富起来，合理拉开收入差距，又要防止贫富悬殊，坚持共同富裕的方向，在促进效率提高的前提下体现社会公平。"1993年十四届三中全会通过的《中共中央关于建立社会主义市场经济体制若干问题的决定》指出："个人收入分配要坚持以按劳分配为主体、多种分配方式并存的制度，体现效率优先、兼顾公平的原则。"十六大开始，中央不仅考虑把"蛋糕"做大，更考虑到"蛋糕"做大以后怎样合理分配、公平分配。党的十六大报告指出："初次分配注重效率，发挥市场的作用，鼓励一部分人通过诚实劳动、合法经营先富起来。再分配注重公平，加强政府对收入分配的调节职能，调节差距过大的收入。"十七大进一步指出："初次分配和再分配都要处理好效率和公平的关系，再分配更加注重公平。"收入分配政策正在发生的重大变化为分配的发展指明了方向。在这样一个关键时刻，对收入分配环节的调节应当注意两点：一是保证按劳分配的主体地位及按劳分配在实践中的真正实现；二是要通过转移性支付调节收入分配差距过大的问题，对高收入阶层进行有力调节，努力提高低收入阶层的收入水平。正确处理好分配领域的问题对合理有序的收入分配格局的形成和社会主义和谐社会的构建具有重要意义。

当前，我国要遏制贫富差距的扩大，对分配不公的调节就不应当仅关注对收入分配环节的调节，还必须重视对资源分配的调节。在公有制为主体的中国，马克思所重视的生产条件的分配公平，实际上主要体现为劳动者所获取或者所使用的资源分配的公平问题，资源分配的公平与否决定着收入分配的公平与否。我国当前的现实状况呈现出资源分配不公的事实及资源分配不公与收入分配差距扩大的正相关关系。当前我国教育、医疗资源分配不公的问题十分突出，正是资源分配失衡导致收入分配差距扩大，教育、医疗资源丰富地区的人民收入水平远高于资源贫乏地区的人民收入水平。拥有优势教育资源的城市和地区的人们受教育的机会多、教育质量高，因而大学升学率高，同时城市的就业机会多、工资收入也高，享受的医疗保障同样也是优越的，相反则不然。可见，没有资源分配的公平就不可能实现收入分配的公平，资源分配公平决定收入分配公平，并且对资源分配公平的调节是对起点公平和过程公平的关注，是有利于效率提高的。我国实行生产资料公有制为主体，从制度上很大程度保障了对资源占有的相对公平，但多种所有制共同发展以及公有制实现形式的现实，又决定了事实上也存在着资源占有和使用分配不公的问题。因而应当利用社会主义的制度优势拓展分配调节的范畴，即从收入分配环节的调节扩展到资源分配环节的调节，通过基本公共服务制度安排缩小资源分配差距、保障分配相对公平。

贫富差距过大一定程度上源于基本公共服务制度调节的缺失、没有把基本公共服务制度作为调节收入差距的必要手段。实际上，基本公共服务当中某些因素的作用对居民收入的影响是隐性的、深刻的、长期的，并且在某种意义上可以说是相当关键的。基本公共服务对收入分配的影响主要体现在以下三个方面：

一是基本公共服务在当前经济发展阶段通过增加可支配收入以及进入生产函数等方式一定程度上直接改变收入分配格局、对减缓收入分配扩大的趋势起到抑制作用。基本公共服务不均等会直接影响收入分配，因为它们本身便是不平等的表现；基本公共服务的提供可以减少私人支出，增加可支配收入；基本公共服务通过对物质资本、人力资本、劳动者素质、技术等生产要素的改变，减少投入生产的成本或者提高劳动生产率，影响生产函数，进而影响收入。二是对低收入者而言，基本公共服务制度能让更多的人尤其是低收入群体或者弱势群体参与到经济增长或者经济发展的进程中来，减少他们进入市场经济的阻力，有助于提高低收入群体分享经济增长带来好处的能力，为他们创造参与和分享经济增长的机会，缩小低收入群体与其他群体在整体经济社会发展进程中的起点差距，从而达到增加其收入的目的。这不仅有利于缩小收入差距，促进收入公平分配，也有助于更有效地发挥他们的作用，促进社会经济的发展。三是提高公共服务水平具有为历史欠账付费的作用。"让一部分人先富起来"、强调工业化和注重GDP 的发展战略确实为中国带来了高速的经济增长。然而，这种"非均衡发展战略"也是当前贫富差距拉大的历史原因。在当前和谐发展目标下，提高公共服务水平比单纯投资于发展 GDP 产业更能提高社会福利，提高教育、科学、文化、生态保护、环境建设和社会保障等公共服务以及农业和困难地区的公共服务水平，有助于弥补由于历史发展战略对一部分人造成的利益损失。①

---

① 参见吕炜、赵佳佳：《中国经济发展过程中的公共服务与收入分配调节》，《财贸经济》2007 年第 5 期。

（三）政府与市场结合

政府与市场在推动经济和社会发展中均起着重要的作用，在基本公共服务体系建设中只有采取政府与市场两种不同的资源配置方式，充分发挥政府与市场的作用才能实现人类福祉的最大化。在经济增长的过程中，单纯的依赖政府或单纯的依赖市场都不可能建立起满足人民日益增长的共同需要的基本公共服务制度。

首先，依赖经济增长满足共同需要不可能是一个自动实现过程，它的健康发展需要政府的大力推动，尤其需要政府有效发挥其汲取资源、进行再分配、培育社会体系、实行监管等一系列重要职能。只有政府承担起为社会成员提供社会福利的相应责任，才能最终建立起一种能够使人们的生活随着经济的发展而更有保障的利益共享机制。并且适应社会经济的发展政府承担起基本公共服务责任才有利于经济的发展。恩格斯在《反杜林论》中谈到政治权力的历史作用时说："第一，一切政治权力起先总是以某种经济的、社会的职能为基础的，随着社会成员由于原始公社的瓦解而变为私人生产者，因而和社会公共职能的执行者更加疏远，这种权力加强了。第二，在政治权力对社会独立起来并且从公仆变为主人以后，它可以朝两个方向起作用。或者按照合乎规律的经济发展的精神和方向去起作用，在这种情况下，它和经济发展之间就没有任何冲突，经济发展就加速了。或者违反经济发展而起作用，在这种情况下，除去少数例外，它照例总是在经济发展的压力下陷于崩溃。"①

其次，共同需要的满足需要政府的大力推动，并非意味着只能依靠政府的力量。政府必须承担起为社会大众提供充足和高质量基本公共服务的责任，在提供这些服务的过程中可以在某些环节上有选择地使用市场机制。特别是随着社会生产力的发展，社会共同需要也相应地丰富起来，在《哥达纲领批判》中，马克思说"和现代社会比起来，这一部分一开始就会显著地增加，并随着新社会的发展而日益增长"。② 社会共同需要内容和层次的变化，需要的资金增多、人力增多，单纯依靠政府的力量是远远不够的。坚持依靠广大人民群众的积极参与，调动企业、个人的积极性，积极发挥社会团体、自治组织的作用，提高社会成员在政府指导和帮助下，自我管理和互助互济的能力。

基本公共服务中实现政府与市场的结合，既要避免传统计划经济体制下政府大包大揽、包办一切的模式，又要防止一段时期以来由于政府角色缺位陷入"有增长而无发展"的陷阱。政府中心主义和市场中心主义的偏狭观点对于社会经济发展是有害的，过分强调任何一方面的作用都可能造成灾难性的结果。如果单纯从市场效益出发，把市场化简单地引入基本公共服务领域，政府在基本公共服务领域的角色逐步退出或缩小，经济发展缺乏人的意识、人的观念和人的维度，极易造成人的生存保障、权益保护机制和措施的滞后，必然使民众的不安全感普遍增强，这是社会不和谐产生的重要根源。

---

① 《马克思恩格斯选集》第3卷，人民出版社1995年版，第526页。
② 《马克思恩格斯选集》第3卷，人民出版社1995年版，第303页。

政府和市场在满足共同需要的基本公共服务中都要发挥作用，到底适合政府供给还是市场供给是根据一定社会生产方式发展水平下的社会共同需要的性质决定的。"马克思举例说，在当时的西方由于社会生产力发展水平较高，节约用水和共同用水这种社会共同利益需要不仅仅是生存的基本共同需要，而且也是进一步发展的共同需要，并且这部分社会需要是那些私人企业家进一步发展自身企业所必需的共同利益需要，它的社会效益比较集中地体现在这些市场主体身上，因此它适合在这些市场主体之间应用市场方式来解决这部分社会需要的满足问题。而在东方，由于生产力发展水平低、幅员辽阔导致这种社会需要不能产生自愿的联合来满足，使其不适合应用市场的方式来供给，如果等到应用市场的方式来满足这种社会需要，则必然会影响到社会的存在和发展，所以也就会由政府从社会总产品中直接扣除相应部分来满足。"① 当然，在不同的社会环境下，共同需要的内容和层次是不同的，这决定了满足共同需要的基本公共服务所包含的具体内容和层次也是不同的。根据基本公共服务的性质，进行基本公共服务分类管理，妥善选择引入市场机制的基本公共服务领域，由政府、市场和社会合作的方式共同生产。在关系公众及特殊人群最低生活保障及生存需要的领域，如义务教育、基本医疗保障，以及弱势群体的住房、养老等，政府必须责无旁贷地肩负起提供此类公共服务的天然职责。这些基本公共服务的供给主体虽然可以吸收慈善组织等第三部门，但只能作为补充，政府应当至

---

① 胡钧、贾凯君：《马克思公共产品理论与西方公共产品理论比较研究》，《教学与研究》2008 年第 2 期。

少承担此类服务的绝大多数份额。政府在其它一些基本公共服务领域引入市场机制并不意味着政府责任的让渡，而是要求政府对市场竞争进行宏观调控与依法规制，监察和控制服务质量与服务价格，对消费者进行支持。只要制度安排合理、完善，就能够提高公共服务的质量和效率，尽可能满足人们多种多样的需求。

（四）供给与需求结合

实现基本公共服务供给和基本公共服务需求的动态平衡是政府公共服务的一个重要原则。要达到这个平衡，政府一方面应该随时掌握社会公共需求动态，全面了解公众需求，另一方面要树立正确的政绩观，对公众的需求做出及时、主动和负责的反应，尽量满足公众的各种需要和偏好。只有这样，政府基本公共服务与社会公共需求之间的平衡才有可能实现。

政府基本公共服务的实施既要对公众的公共需求进行理论的分析，又要形成反映公众公共需求的渠道。从理论上分析，人类需求可以分为生理需求、安全需求、社交需求、尊重需求、自我实现需求五个层次。一般而言，在前一个层次需求得到满足后，后层次的需求将上升为主要需求，依次类推。其实，从集体角度看，人类对公共服务的需求同样具有层次性，国家财力有限决定了基本公共服务的提供必须分阶段、分类别地排出优先序，随现实条件的改善而逐步提高。第一层次主要确保人的基本的生存权和发展权得到满足，应包括基础教育、公共卫生和社会保障三类；第二层次主要为了改善人们生存的软硬环境，提高生存的安全性、舒适性和可持续性，主要包括公共安全、基础设施和环境保护三类；第三层次主要为了确保政府有效履行职能和更高层次的公共利益的实现，包括一般公共服务、科学技术和文化娱体三类。因此，在各种约束条件下，对基本公共服务的实施顺序也应按照需求层次依次推进。理论分析对"自上而下"的基本公共服务的决策具有重要的意义。

"自下而上"的基本公共服务需求的民主表达机制的建立是满足公众需求的重要实践渠道。特别是在农村地区，要拓宽农民对基本公共服务需求的表达管道。一是加快农村基层民主制度建设，改革农村社区领导人的产生办法，完善公共物品选择与使用的监督机制。改革目前仅有村一级领导人由本社区居民选举产生，实行乡、村两级领导人真正由本社区居民民主选举产生。改革目前仅有村一级的"村务公开、财政公开、民主理财"，实行乡、村两级的"政务公开、事务公开、财务公开"，增加公共资源使用的透明度。逐步使农民能够通过投票来表达对公共物品的需求意愿，鼓励农民参与到农村公共物品决策的制定和执行过程中，形成政府与农民共同决策的模式。二是要建立农民对公共服务需求的表达机制，支持和促进农民发展多种形式的专业合作社及其他民间组织，支持和促进这些农民组织参与农村公共服务。三是创新政府投入农村公共服务的管理模式，加大农民的参与度和透明度。

实现供给和需求的有效结合，各级政府应树立正确的基本公共服务理念，把基本公共服务的供给纳入政府的绩效考评机制，避免单纯反映经济增长而不能更好促进社会发展的考核指标占主要权重。我国基本公共服务供给很大程度上取决于政府的偏好，由政府官员根据政绩和利益的需要决定基本公共服务的内容、数量和质量。在政治目标最大化的激励下，基层政府对于能增加政绩的公共服务，呈现出一种较高的供给热情，各级政府往往热衷于投资一些见效快、易出政绩的短期公共项目，这造成了能体现政府政绩公共服务的过度供给，导致有限财政资源的严重浪费。树立公民取向的绩效观，即评价政府公共服务的参照系是公民，公共服务体系的各个分支体系的完善程度、服务质量、公民满意度等，都是从公民的立场和角度来看待的。要达到这个目标，更重要的是引进政府管理和服务对象即社会公众的评估，逐步实现官方评估与民间评估并重。

三、现阶段满足共同需要的基本公共服务建设的对策选择

在现阶段基本公共服务体系建设的价值取向和原则指导下，从人生存、发展赖以存在的社会环境出发，对现阶段我国义务教育、社会保障、医疗卫生服务及现代基础产业等基本公共服务的建设提出各有侧重的对策。

（一）以义务教育均衡发展满足知识经济社会共同需要

当今世界是一个伟大变革的知识经济社会，知识成为社会的核心要素。一个国家要获取核心竞争力、实现可持续发展，以知识积累为基础的创新是不可或缺的依赖力量。社会发展与教育、

高素质人才的培养相辅相成。一方面，教育是社会历史的产物，是人在与社会与自然与环境的对象化运动中逐渐发展起来的，马克思、恩格斯认为，当大工业成为社会生产的普遍基础，从而科学和教育成为社会发展的内在需要时，普及义务教育才有了真正的基础和实现的可能。义务教育在这样一个以知识为基础推动社会发展的创新时代更具有基础性、先导性、全局性的重要作用。另一方面，以创新推动的社会发展是建立在人力资源可持续、充足供应基础之上的，没有教育的基础、高素质的人才的培养就成为一句空话，国家就很难取得长足发展。用均衡发展思想来指导义务教育发展，为满足最广大人民群众普遍愿望和国家社会发展创造条件，是满足知识经济社会共同需要的迫切要求。

我国《宪法》规定："中华人民共和国公民有受教育的权利和义务。"《教育法》规定："公民不分民族、种族、性别、职业、财产状况、宗教信仰等，依法享有平等的受教育机会。"为此，国家先后制定了《义务教育法》、《扫除文盲工作条例》、《残疾人教育条例》等一系列配套法律法规来保障公民依法享有平等的受教育权利。在我国，党和国家一贯重视发展教育事业，把教育摆在了现代化建设优先发展的战略地位，并把这一举措视作实现我国现代化建设宏伟目标的根本大计。为此，党和国家采取了一系列重大政策措施。但由于多方面原因，在实际工作中，许多地方教育优先发展的战略地位并未完全落实，基础教育投入普遍不足，公用经费比例下降，办学条件较差。因此，各级政府必须明确基础教育均衡发展的目标，通过义务教育立法、经费分担机制、教师的培训、教育质量的评估、教育设施标准化建设等，促进义务教育均衡发展。

1. 加强义务教育均衡发展的法律建设。2006 年 6 月 29 日，第十届全国人民代表大会常务委员会第二十二次会议修订通过《中华人民共和国义务教育法》，并于 2006 年 9 月 1 日起开始实施。新《义务教育法》的出台，总结了《义务教育法》实施 20 年来的历史经验和教训，对《义务教育法》作了一次全面的、重大的修改，是中国教育法制建设一个新的、重要的标志，对整个教育的发展具有奠基性意义和深远的历史作用。《义务教育法》第六条规定："国务院和县级以上地方人民政府应当合理配置教育资源，促进义务育均衡发展"，"国家组织和鼓励经济发达地区支援经济欠发达地区实施义务教育。"修订案中特别针对义务教育发展面临的经费投入问题、各级政府的职责落实问题、义务教育质量的提高等问题做出了明确规定，如第七条："义务教育实行国务院领导，省、自治区、直辖市人民政府统筹规划实施，县级人民政府为主管理的体制。"特别在经费保障机制上，新修订的义务教育法将义务教育全面纳入财政保障范围，其中第四十四条提出"实行国务院和地方各级人民政府根据职责共同分担，省、自治区、直辖市人民政府统筹落实农村义务教育所需经费，由各级地方政府根据国务院的规定分项目、按比例分担"。且将"经费保障"专列一章共 14 条，内容具体，责任明确，并实行问责制，这为确保义务教育投入到位提供了强有力的机制性保证。但由于现在实行的有关义务教育法律中，尚无推进义务教育均衡发展的明确规定和相应的法律法规，以致义务教育的公平性在许多地方只能成为空谈，极大地制约了义务教育的发展。

为促进义务教育均衡发展，教育立法应注意以下方面：一是在今后的义务教育均衡发展过程中，有必要对义务教育实施过程中涉及的各个方面如教育经费的保障、教科书的编排和定价等分别制定相应的法律法规，为解决具体的教育问题提供更为详细的保障和依据。如针对义务教育经费投入的关键问题，可考虑制定《义务教育国家财政负担法》。因为义务教育均衡发展一个重要指标是义务教育条件的均衡发展，而条件的均衡发展离不开必要的经费支撑。这就迫切需要国家通过制定法律，明确各级政府的财政投入责任及具体的投入比例，规范中央、省级政府对落后地区的财政转移支付，避免随意性，保证义务教育必要的经费来源，推动义务教育平衡发展。此外，还需要加大对义务教育相关法规的执法力度，对挪用、乱用教育资金者，义务教育乱收费者等制定出严厉的制裁措施，严格执法。二是适时对有关促进义务教育的相关条款作出修改。我国义务教育在不断地发展进步，新情况、新问题也在不断地涌现，因而教育政策制定，既要有连续性和一致性，同时也要有灵活性和可操作性。时变法亦变，我们需要根据社会的发展变化对《义务教育法》和《教育法》中不适应形势发展的相关条款作出适当的修改。

2. 加强义务教育均衡发展的管理和投资体制建设。在管理体制上，实行以中央政府为主体的集中管理体制是义务教育均衡发展的有力保障。我国自 1986 年实行《中华人民共和国义务教育法》以来，在教育体制上，实行由地方各级政府负责的相对分散的管理体制。这种体制对中国二十年的义务教育发展作出过贡献，表现为：一方面，这种体制符合我国各地区发展水平不平衡、多样化的国情，有利于各地方政府结合本地情况，因地制宜地制定教育发展的政策和措施。另一方面，调动了地方参与办教育的积极性。但是，不可否认，这种体制存在着严重不足，因缺乏有效的监督机制，使有些地方政府产生忽视义务教育的现象。如在农村或偏远地区，地方政府以财政困难为借口，挪用或挤占义务教育经费，这种做法使农村义务教育发展缓慢，造成了城市与农村义务教育的巨大差距。为此，将义务教育的实施权限由地方上移到中央，加强中央对基础教育的调控和把握，并通过义务教育投资体制变化促进义务教育均衡发展。

在义务教育投资上，形成以政府投入为主的财政分担机制。马克思在 1879 年鲜明地提出："由国家出资实行普遍的、义务的和免费的教育"① 在义务教育经费的分担上，要以国家分担为主，并进一步明确落实各级政府对义务教育的责任，明确各级政府应承担的义务教育投入比例，确定中央、省、市、县四级政府的投入比例，确保义务教育学校的建设和正常运行。因为我国的地方差距很大，原来以地方负担为主的方式加剧了教育不公平。以中央财政分担为主，把义务教育经费的重点放在薄弱的农村地区。另外，减少对城市义务教育的投入，甚至采取城市与农村对口支援的方式，促进城乡的均衡发展。在中央财政向地方基础教育转移支付中，应该兼顾一般转移支付与专项转移支付相结合的方针。一般转移支付用于平衡各地的教育发展，使不同地区之间的基础教育服务的水平相当；专项转移支付应主要针对那些财源有限、入不敷出地区尤其是农村地区的基础教育发展。从而为义务教育的学校能享有同等的硬件设施、保障教师享受同等的待遇、提升教育质量、缩小义务教育的地区差异创造条件，促进农

---

① 《马克思恩格斯全集》第 25 卷，人民出版社 2001 年版，第 644 页。

村和城市义务教育均衡发展，避免贫困地区陷入"越落越后"的恶性循环。

3. 以提升农村教育教学质量为重点促进教育均衡发展。质量是教育的生命线，城乡教育不均衡距的一个重要表现就是质量的差距，城乡二元治理结构下各种因素的综合导致农村教育质量偏低，不能达到培养目标，进而在整个农村地区形成大量低素质人口的积淀，这既影响社会主义新农村建设，也影响农村富余劳动力的转移从而阻碍城镇化的进程。因此提升农村教育质量是时代赋予我们的历史任务，是均衡教育的重点。农村义务教育教学质量的提高，主要抓住以下环节：一是改革课程内容，确立多样化的培养方向和建立丰富多彩的课程体系，创造适合学生发展的教育，让每个学生获得学业上的成功。首先，需要地方政府或当地教育部门结合当地实际制定出为地方发展服务的教育目标，因地制宜地建立能为培养当地人才服务的课程体系。在此基础上，对相对单一的培养方向以及由此而造成的单调的课程体系进行改革。二是加强基础学校的标准化建设，政府需要确立一个基础学校建设的最低标准，这是所有学校必须达到的。对于已经达标的学校，政府的责任是评价与监督。对没有达标的学校，政府的责任是扶持，对薄弱学校的教育扶贫应该走的是一条发展式的道路，即从扶助输血机制转到造血机制的生成。三是提高农村地区教师待遇、拓宽农村师资来源渠道。教师是农村地区基础教育服务的直接生产者和提供者，没有教师的参与，根本谈不上农村地区基础教育的发展。提高农村教师待遇是稳定教师队伍的重要条件，拓宽农村师资来源是提高教师素质的渠道。在农村，由于经济落后、条件艰苦，优秀的、专业化教师严重流失，民办教师、代课教师成为教师主体，甚至在贫困地区出现小学毕业生教小学，中学毕业生教中学的现象。这些不具有专业化水平的教师影响了教育质量，是造成城乡非均衡发展的重要原因。为此，要通过教育经费的倾斜，保障和提高中小学尤其是农村中小学教师的工资待遇、改善他们的工作条件。拓宽农村师资来源渠道，以政府的行为为主体，推进教师交流制度，鼓励和组织落实高校毕业生支援农村教育工作，组织师范生实习支教，极开展多种形式的智力支教活动。同时，发动其他志愿者和相关组织与之配合，从而形成良好的教师风气与适宜的社会环境。

（二）以社会保障适度提供满足
风险社会共同需要

风险社会是德国著名社会学家贝克首次系统提出来的理解现代性社会的核心概念。贝克认为，风险社会的突出特征有两个：一是具有不断扩散的人为不确定性逻辑；二是导致了现有社会结构、制度以及关系向更加复杂、偶然和分裂状态转变。综观中国社会，近些年来，随着社会现代化程度的不断提高，市场化进程的不断推进，社会分化日益严重，社会问题层出不穷，社会矛盾日益激化，整个社会已经不再是传统的常态社会，社会风险与日俱增，社会和谐面临严峻挑战。要真正化解目前中国存在的社会风险并且实现长治久安，需要一种很好的社会机制和社会条件。社会是人们相互交往的产物，是各种社会关系的总和，人与人之间的交往需要一定社会制度的保障。根据马克思的思想，通过社会保障制度在分配机制上的特有功能，为一部分特殊的社会成员提供基本物质生活需要，是满足社会成员公共福利、以求得国民收入分配公平性的需要，从而为人类社会人与人之间的相互依存创造了条件。建立适度的社会保障是满足风险社会的一种共同需要，是对风险社会的一种对接。

从我国当前经济发展的情况看，社会保障适度提供的标准是实现经济社会协调发展。与经济发展水平相适应的社会保障制度能促进经济社会协调发展；反之，与经济发展水平不相适应的社会保障制度则会阻碍经济社会发展。适度的社会保障制度在保证劳动力再生产、连接生产和消费、促进社会经济正常平稳运行中起着重要的保障作用。社会保障的不适度发展表现在两个方面：一是超前发展的社会保障制度。如果社会保障超前发展，必然导致政府开支急剧增加，从而加重政府财政负担，损害经济增长的持续性和企业乃至国家的竞争力。二是社会保障发展滞后。如果社会保障发展严重滞后，养老、医疗、失业、工伤、生育没有必要的保障，人们的心理预期普遍不安，现期的消费和投资需求必然受到限制，由此不仅会影响到社会稳定，也会影响到经济发展。我们将长期处于社会主义初级阶段，经济发展水平低，资金缺乏，而且人口众多，人口老龄化进程加快，尤其是农村人口和弱势群体数量巨大，社会承受力较弱。无论考虑社会保障本身的合理性，还是考虑到经济发展水平的约束性，我们应该依靠本国国情建立覆盖面广、成本低、机制灵活、能促进经济社会协调发展的社会保障制度。从满足基础性的解决温饱的生存需求和公共卫生、医疗救助的健康需求及养老、失业需求为着力点，对不同群体劳动人口的社会保障作出安排。

一是加快农民工社会保障制度的建立。农民工绝大多数从事的是苦、累、脏、险的工种，他们为城市的运行和发展作出了巨大的贡献。但是，农民工的生活、工作和发展环境相对于市民群体而言都比较差。比如，农民工的子女在城市学校就读要缴纳学费之外的赞助费或借读费；农民工在城市没有福利或者补贴的住房；各大城市对农民工设置了行业进入壁垒；受工伤、疾病困扰可能性比较大，却无医疗保险，甚至在发生重大工伤事故时也得不到用人单位的足够补偿；没有失业保险，却还随时面临着失业风险。有关学者估计，到2020年我国将有3.5亿以上的农民转移到城镇，因而农民工对社会保障需求是非常巨大的。到2030年之后，3亿农民工都将陆续进入退休年龄，这批农民工逐步进入老年阶段。基本社会保障的缺乏，使得农民工极易陷入生活困境，继而不计后果挺而走险，这是社会不安定、不和谐的因素之一。因而农民工的生存状况、工作环境和个人发展都急需社会各界的关心和支持。近年来，党中央、国务院高度重视农民工问题，制定一系列保障农民工权益和改善农民工就业环境的政策措施，各地区、各部门做了大量工作，取了明显成效，但农民工面临的问题仍然十分突出。为此，政府应积极引导农民工建立自己的工会组织，通过工会加强和提高农民工自身的力量，形成解决农民工工资拖欠问题的长效机制；政府应建立分类分步的农民工的社会保障体系；政府应加大对农民工子女教育的投入，解决农民工子女受教育问题；为农民工社会保障立法是目前社会保障领域的重点，确保农民工社会保障有序进行，落到实处。

二是积极推进失地农民社会保障制度建设。土地是农民生产、生活的重要场所和生存基础，土地对于农民具有生产资料和社会保障双重功能。随着城市化的推进，城乡建设用地需求持续增长，但征地不能以牺牲被征地农民的利益为代价。特别是年龄偏大的失地农民，一辈子同土地打交道，除了种地，很少有其他技能，在竞争激烈的劳动力市场中与城市人群相比，处于劣势。再加上失地农民本身因缺乏在城市社会生活的基础、缺乏城市社会对他们的认可，极易被排斥在城市生活的圈子之外。这种境况使得大多数失地农民失地又失业，又享受不到城市居民应有的待遇和福利，心理上逐渐失衡。所以，必须通过建立健全被征地农民社会保障制度、认真解决农民在失去土地后的生存和发展问题。一是推进农地创新机制、按市场价值对失地农民给予合理的补偿。农村土地按照政府的土地供应计划直接进入土地建设用地市场，农民以转让土地承包经营权的方式实现农地的转用和土地转移，这样可以运用市场机制对农民的土地承包经营权转让进行合理的直接补偿，保证农民在进入城市非农部门时能够支付转岗培训成本和社会保障成本。二是建立起与城市接轨的失地农民社会保障制度。为了最大限度规避政府目前低成本征地、社会高风险的问题，应尽快把失地农民医疗、养老保险纳入城镇社会保障体系，实现与城镇社保的对接；以保障失地农民子女的九年制义务教育、失地农民的职业技能培训为重点完善失地农民社会保障；把失地农民的就业纳入城镇下岗人员再就业培训体系，应按照市场化原则，制定城乡统一的劳动力就业政策，建立城乡统一的劳动力就业市场，实现城乡统筹就业。

三是探索建立灵活就业人员社会保障。中国的灵活就业人员除了存在于非正规部门之外，还以各种形式存在于正规部门和未统计到的非正规经济部门中。据估算，2005 年我国城镇灵活就业规模就达到了 1.4 亿人。许多研究中国就业问题的专家指出，灵活就业将是未来 20 多年中国解决就业问题的重要手段。灵活就业不仅是解决中国严重失业问题的必由之路，而且将是未来人们选择就业的发展趋势。而灵活就业人员普遍缺乏市场竞争力，面对低端劳动力市场严重的供过于求的状况，使得他们就业岗位有限、就业不稳定、收入普遍较低，生活负担重，心理压力大。作为灵活就业群体的主要组成部分的流动人口，他们一方面促进了城市的发展，另一方面也带来了城市治安等问题。灵活就业人员的社会保障首先就是以帮助灵活就业者就业、获得基本生存资料为第一目标，在此基础上应结合灵活就业者的特点、用人单位的承受能力及财政，逐步建立健全灵活就业者的社会保障政策。

（三）以医疗卫生服务全民覆盖满足可持续发展社会共同需要

全民族健康素质是实现经济社会可持续发展的重要保障。医疗卫生服务业在整个国民经济可持续发展中属于提高全民族健康素质、保护劳动力、改善生活质量的产业部门。国民健康对经济和社会的发展至关重要，健康是个人最宝贵的财富和资源，是提高全体居民素质的重要条件，也是劳动力再生产的物质基础。"健康对于我们的价值就像数字 1，而其他都是 1 后面的零，没有了健康谈什么都是没意义的。国家对健康财富的投资，是对生产力的投资，是经济可持续发展的保证。"[1] 人们拥有了健康的体魄和良好的心理承受能力，在各种自然环境和社会条件下，才

---

① 李玲：《我国医疗体制改革趋势》，《红旗文稿》2006 年第 10 期。

能较好地承担工作压力和社会责任，从而促进社会经济的发展。"人类个体的能力最终是最重要的社会资源，所以健康是极其重要的。在社会学家看来，疾病基本上是这种实施社会价值的任务和角色的能力失常。教育是通过学习提高能力，而健康则是能力的维持，它们是提供和保障人类价值的两大中心。"① 医疗卫生服务业在国民经济发展中的作用主要可以归纳为：一是不断提高居民健康素质是社会发展的重要目标，是居民生活质量改善的重要标志；二是健康是人力资本的重要组成部分，健康素质的提高可以促进经济的发展；三是预防和减少疾病、残障，可以减少社会资源的损耗。可见一国若要实现真正的富裕强大，就必须向其国民提供基本的医疗服务。医疗服务提供的健康是社会经济发展的重要标志，经济发展不仅仅是指经济数量增长和人均占有物质财富的增加，而且表现为经济社会的全面进步，衡量一个国家经济社会发展水平，不仅要看其人均国民生产总值的水平，而且要看居民的健康状况。在我国，医疗卫生服务体系具体包括：卫生服务、医疗保障和卫生执法监督三大体系。其中卫生服务和医疗保险是该体系中的主要组成部分，特别是初级医疗卫生提供的防病治病特殊服务，在维护人民健康、提供医疗预防、保健服务和保障居民基本医疗需求以及促进卫生事业发展方面担负着重要的职能。

经过 20 多年的医疗卫生体制改革，我国医疗卫生事业取得了一定的成绩：人民健康水平不断提高；基本建立起遍及城乡的

---

① ［美］帕森斯著：《现代社会的结构与过程》，梁向阳译，光明日报出版社1988 年版，第 230 页。

医疗卫生服务体系；在推动城镇职工基本医疗保险改革方面成绩明显，初步建立了城镇职工医疗保险制度，并开展了新型农村合作医疗制度试点；重大传染病防治取得了明显进展；妇女儿童卫生保健水平得到提高。但也存在不少问题，主要表现为：第一，医疗保障的覆盖面过于狭窄，主要是城市居民。据卫生部2006年公布的数据，截至2005年底，城市享有基本医疗保险的人口比例为30.2%，农村参加新型合作医疗制度的人口比例为9.5%，绝大多数居民看病是自费。从结构上看，医疗保障主要覆盖国有企业、机关事业单位的职工和部分集体企业的职工，大量的其他类型企业的职工、非正式就业（灵活就业）人员、城市弱势群体、低收入群体、下岗和失业人员、残疾人和孤寡老人、进城的农民工、较早退休的"体制内"人员及大多数农村居民还没有被国家的医疗保障制度所覆盖。第二，医疗服务体系和管理体制不适应群众的健康需求，看病难、看病贵问题突出。国家对医院的补助经费加上医院自己的业务收入，难以维持医疗服务过程中的各项消耗。经济压力导致一些医院将医疗服务作为主要的收入米源，医疗单位及医务人员片面地追求经济收入，一方面提供过量的医疗服务，通过提供超量服务，如"开大处方"、"多检查"等不正当手段谋取经济利益；一方面乱开药，甚至将自费药物也变相列入医疗报销范围，既造成了医疗资源利用效益低下，又加剧了医疗经费紧张的矛盾。第三，公共卫生体系不健全，重大疾病预防控制任务艰巨，应对突发公共卫生事件的机制不完善。第四，医疗救助制度建设方面的投入明显不足。没有针对社会弱势群体的医疗救助制度，贫困人口在医疗方面得不到有效帮助，因病致贫、因病返贫的情况相当严重。第五，部分医药生产供应部门在追求盈利的思想指导下，一味地在其他方面做文章，使药品的成本越来越高。

医疗体制改革是个复杂的系统，医疗保险制度建设本身是一个重要方面，但也必须重视医疗服务体系等一些相关制度的配套改革。为此，全民覆盖的医疗体制改革主要从以下几方面进行：

第一，把"预防为主"作为整个国家医疗卫生服务改革的重点来认真对待，要在全社会树立"预防为主"的观念：医疗不是万能的，过度医疗对健康不仅无益，而且有害；预防则是必须的，以预防为主、注重改善环境因素，这样投入少而见效明显。如果忽视预防医学，片面认为多建医院才是社会医疗福利的保障，过分强调"治病救人"的重要性，使得大量的医疗资源无端地浪费在救助生命的末端，这实际上是伪医疗关怀，岂不知"预防救人"比"治病救人"更具医疗科学内涵。更重要的应该是要把预防为主的核心理念落实在医疗卫生服务的实践之中，政府要做好公共卫生和公民的各项健康预防服务，把大部分医疗资源用来建立以改变人们不良生活习惯等为目标的卫生预防机制，通过定期体检、环境保护等多种形式，防患于未然。让老百姓从中受益，少得病、晚得病，提高生活质量。医疗改革的最终出路在于"预防疾病"，而不是"治病救人"。预防为主是最为经济有效的措施和手段，符合我国的国情和走中国特色的医疗卫生改革之路。

第二，强调政府的主导责任，适当引入市场机制。政府的责任主要体现在：一是筹资和分配。要确保政府对公共卫生事业的投入，确保医疗卫生事业的公益性。在此基础上，在地区之间进行统筹规划，大力扶持公共卫生及初级医疗卫生服务体系的发展，避免医疗卫生资源过分向高端集中，向全体人民提供公平、有效的卫生服务。二是制定标准和加强监管。建立并完善相关法律法规与行业标准，对卫生医疗机构、从业人员和医疗产品技术的投入使用严格准入。规范医疗卫生服务市场秩序，为不同性质服务主体营造平等竞争的环境，加强服务质量监控。三是信息发布。公布医疗机构服务数量、质量、价格和费用信息，引导病人选择医院、医生，弥补由于医疗服务市场上信息不对称而造成的医患关系不平等，增加患者对于医疗卫生机构的信任，减少医疗服务摩擦。在发挥政府主导作用的前提下，适当引入市场机制，通过二者的有机结合，建立多种形式的医疗服务体系，不断提高医疗保险的服务质量和效率。

第三，打破职业和城乡界限实现全民医保。一是打破职业界限，建立涵盖所有从业人口的医疗保险制度。根据就业形势日趋多样化的特点，打破以就业人群类型设定险种的方式，在完善现行城镇职工基本医疗保险制度的基础上，建立一个覆盖所有就业人员的多层次、敞开式的医疗保险制度。二是打破城乡界限，建立城乡统筹的居民医疗保险制度，基本实现由城乡二元医疗保障制度模式向城乡一体化医疗保险制度转变，在制度架构、管理服务、待遇标准上实现城乡基本一致。

第四，划分医疗卫生服务的层次和范围，实行不同的保障方式。为了合理地分配医疗资源，有必要将医疗卫生服务分为公共卫生、基本医疗服务和非基本医疗服务三个层次。包括计划免疫、传染病控制、妇幼保健、职业卫生、环境卫生和健康教育等在内的公共卫生服务应由政府向全体社会成员免费提供。在基本医疗方面，以政府投入为主，针对绝大部分的常见病、多发病，为全民提供所需药品和诊疗手段的基本医疗服务包，以满足全体公民的基本健康需要。对于基本医疗服务包以外的医疗卫生需求，政府则不提供统一的保障，由居民自己承担经济责任。为了降低个人和家庭的风险，可考虑鼓励发展自愿性质的商业医疗保险，推动社会成员之间的"互保"。

第五，合理布局医疗服务网络。在市场经济体制下，医疗服务机构有非营利的提供公益服务的单位，也有营利性的，如私营、合营、股份制医疗机构，以及一些特需医疗服务。非营利性医疗机构要在医疗服务体系中占主导地位，政府要集中财力办好非盈利性医疗服务机构，形成社区医疗服务、专业医疗服务和综合性医疗服务相配套的、功能齐备、布局合理、分工协作的医疗服务网络，使其成为基本医疗服务的主要载体，承担起让"人人享有基本医疗"的职责。还应当鼓励发展商业型医疗服务机构，满足人们更高层次的医疗服务和特需医疗服务，形成医疗服务的竞争机制，保证医疗服务质量。对营利性医疗服务机构，卫生行政部门要加强对他们的监督管理，特别是制定准入标准，规范市场服务。

第六，建立以社区医疗服务为基础的服务网络。要大力发展方便群众的社区卫生服务和农村卫生服务，建成适合我国特点的社区卫生服务网，力求实现卫生资源的合理布局、方便就医、资源共享、高效利用，尽可能地满足群众多层次、多样化卫生服务需求。社区卫生服务组织主要通过从事预防、保健、健康教育、计划生育等措施不断改善社区居民的卫生条件，从整体上提高居民的健康水平，降低发病率，减少医疗支出，有效满足社区居民日常医疗需求，减少对社会医疗的需求，减轻社会对基本医疗保险的压力。同时要形成规范的社区卫生服务组织和综合医院、专科医院双向转诊制度，保障广大群众对医疗服务的选择权。

（四）以现代基础产业普遍提供满足
信息社会共同需要

信息社会的出现要求实现现代基础产业的普遍提供。基础产业是指为了保证社会经济的顺利发展、人民生活水平的普遍提高，为国民经济社会发展提供公共产品的产业群体。随着生产的发展和科学技术的进步，基础产业的界定范围、内容结构会不断发生变化。第二次科技革命时代的基础产业主要是关系国民经济发展、支撑社会经济活动并对生产和生活产生重要影响的、与物质产品的生产、流通联系在一起的包括能源、交通、基本原材料以及其他经济基础设施（如电话通信）等产业部门。20世纪70年代掀起了第三次科技革命的高潮，以数字化和网络化为依托的信息技术的兴起，使得现代经济发展更多的表现为是建立在知识和信息的生产、传播和转化基础上的新型经济体系。能够对信息交流和人的进步起到重要提升作用的基础部门和行业包括：（1）为社会提供信息服务的电信、邮电行业。在现代社会中，信息技术是一种共享技术，信息技术是现代社会提升人的参与能力、交往能力的最基本工具。所以信息技术的普遍使用对于社会的公平发展、文明共享起着重要作用。（2）为人们的交往提供服务的交通、公交行业。现代人类的沟通，一种是跨空间的信息沟通，另一种是直接接触的社会交往。而交通和公交则是满足人民直接交往的工具。一个国家和地区交通网和公交网的普及程度，是该国家和地区文明发展程度的标志。满足人们直接交往的交通、公交与电信行业一样，属于提升人类文明的共享技术。（3）为人类的文明进步提供服务的电力供应、生活用水供应、环境保护等行业。能否用到电、使用洁净水和拥有良好环境，既是现代人类生存的基本条件，也是人类文明进步共享的服务和技术。由此，现代基础产业是指与信息社会相适应、关系国民经济发展、对信息的交流和人类文明进步起重要作用的电信邮电交通电力水生态环境等产业。

现代基础产业在信息社会的发展中不仅承担着推动现代经济发展的功能，而且也承担着为现代社会生活服务的功能。一方面现代基础产业对全社会经济和区域经济发展起着重要的支撑作用。现代基础产业属于现代产业的神经和血液系统，是国民经济各行业赖以发展的条件，是保证社会经济活动正常运行的重要基础。而且基础产业承载着传递信息、加强信息交流的重任，基础产业的建设对落后地区经济的推动作用不可低估。对落后地区来说，"走出去，引进来"的经济的发展战略要依靠现代基础产业的建立，基本交通设施的改善、通畅的信息为地方资源进入更大的市场上交易提供了可能性，从而有利于扩大地方收入来源；完善的交通、通信基础设施也是引资的先决条件。基础产业在落后地区的发展能使人积极、主动地融入现代社会，在现代基础产业落后的地方，一般来说，人们安于现状，不思进取，贫困现象普遍。如果政府能通过卫星电视、电信、交通等基础网络设施的建设，实现落后地区与外界的沟通，给他们吸收新信息创造条件，提升他们各方面的能力，培养其致富的欲望和勇气，这对于整个社会的发展、人类的进步来说，具有巨大的推动作用。就拿铁路交通运输部门来说，美国经济史学家福克纳指出，铁路的经济意义不仅仅是提供运输，它在打破农村的孤立状态和连接城市与乡村的利益方面所产生的便利与社会意义是无法估计的。

另一方面，现代基础产业在也是现代社会生活的基本条件，它是支撑人类生存的必要条件和提高人类生活质量的保证。人民享有基础产业的状况象征着一个社会现代化水平和社会文明程度，因为它所提供的各项服务都与社会的进步、和谐、安定以及人民群众的生存状态和生活质量息息相关。基础产业使人们拥有了较之过去大得多的选择生活方式的权利，发达的基础产业为人类的交往提供了先进的技术手段，使人际交往速度加快，效果更强，范围更广，并且成本更低。在现代工业文明和信息技术的发展过程中，正是通过基础产业这一中介才增加了人类适应环境的能力、创立了现代城市文明，为文明的共享、传播创造了物质条件，推动了人类的发展。

我国是一个发展中的大国，资本短缺，又承受着国际国内加速发展工业的压力，而基础产业投资回报率低，投资回收期长，投资额巨大。虽然国家对基础产业的投资有增无减，经过多年的投资和改革，通讯设施少、缺电、缺水、行路难等问题一定程度上得到了解决，人民享有了现代的物质文明。但也存在不少问题，总体情况是供给水平低、价格水平高、服务质量差。最大的现状是基础产业呈现出严重的非均衡发展态势，这种非均衡发展状况不仅是地区差距、城乡差距的表现之一，也是形成地区差距、城乡差距的成因之一。由于我国地域辽阔，地区间经济发展水平差异明显，东部地区特别是东南沿海地区和一些大城市基础产业的网络和服务已接近世界发达国家的水平；而西部一些边远地区由于地理环境恶劣、人口稀少、经济发展落后、人均 GDP 水平很低，基础设施很难维持基本的生产和生活。基础产业的城乡差距也十分明显，发达地区、城市居民享受着社会文明进步的成果，对他们来说，纯净的自来水、方便的交通、便捷的通信、电网的通达、信息的获取已司空见惯。而落后地区居民的生活状况却令人担忧，他们的贫困是一种丰裕中的贫困。并且在现代科技的带动下，城市经济发展速度越来越快，获得的财富越来越多，生活在城市的居民能享受到更多现代文明进步的成果，而农村地区被边缘化，被排斥在文明的生活方式和社会活动之外。

适应信息社会发展的要求，解决我国经济和社会发展面临的矛盾和问题，推进现代基础产业的普遍提供需从以下几方面着手：一是提高对现代基础产业功能的认识，树立正确的理念。现代基础产业普遍提供是一种全新的社会经济发展观，在信息社会，人的生存和发展与现代基础产业提供状况密切相关，实施基础产业普遍提供不能拘泥于硬件内容，要更新观念，关注更深层次的社会经济发展问题。只有普遍提供现代基础产业，才能创造条件使人人享有基础产业发展、科技发展的成果，促进信息交流，提升人的能力，才能给公民拥有健全、幸福、符合人性尊严的生活提供空间。它是社会主义制度的必然要求，是缩小贫富差距的措施和手段，我们必须从代表人民的根本利益、代表先进生产力发展要求、代表先进文化的发展方向的高度来认识现代基础产业社会普遍提供问题。二是发挥各级政府在现代基础产业普遍提供中的主导作用。现代基础产业普遍提供是基于社会长治久安、持续发展的要求，具有公共福利性质，是非盈利的政府行为。单纯依靠市场机制的方法将不能保证有效的提供，需要政府这只"有形的手"进行干预。中央政府要对农村地区、基础产业发展高成本的偏远地区的重大项目进行有力干预，同时各级地方政府要根据本地的实际情况制定适合本地区的相关普遍提供政策。三是以现代基础产业不平衡的发展战略实现基础产业普遍提供。根据我国现有的区域和产业发展状况，我国在普遍提供上，可以借鉴增长极理论采取不平衡结构战略，但不平衡结构并非意味着不平等，而是通过不平衡机制，使普遍提供达到更好的促进经济发展的目的，从而最终由不平衡转向平衡。具体而言，即是实行潜在增长极为主、现有增长极为辅、非增长极适度原则，大力推进对社会经济发展具有潜力的地区的现代基础产业，同时注意现有现代基础产业基础好的地区的发展，对不具有资源优势的人口稀少地区进行适当投入，以利于整个国家现代基础产业普遍提供水平的提高。

参 考 文 献

1. 《资本论》第 1—3 卷，人民出版社 2004 年版。

2. 《马克思恩格斯选集》第 1 卷，人民出版社 1995 年版。

3. 《马克思恩格斯选集》第 3 卷，人民出版社 1995 年版。

4. 《马克思恩格斯文集》第 4 卷，人民出版社 2009 年版。

5. 《马克思恩格斯文集》第 9 卷，人民出版社 2009 年版。

6. 《马克思恩格斯全集》第 2 卷，人民出版社 1995 年版。

7. 《马克思恩格斯全集》第 17 卷，人民出版社 1995 年版。

8. 《马克思恩格斯全集》第 20 卷，人民出版社 1995 年版。

9. 《马克思恩格斯全集》第 30 卷，人民出版社 1995 年版。

10. 《马克思恩格斯全集》第 32 卷，人民出版社 1998 年版。

11. 《马克思恩格斯全集》第 46 卷（上册），人民出版社 1980 年版。

12. 《马克思恩格斯全集》第 46 卷（下册），人民出版社 1980 年版。

13. 《马克思恩格斯选集》第 1—4 卷，人民出版社 1995 年版。

14. 《毛泽东选集》第 1—4 卷，人民出版社 1991 年版。

15. 《邓小平文选》第 1—2 卷，人民出版社 1994 年版。

16. 《邓小平文选》第 3 卷，人民出版社 1993 年版。

17. 《江泽民文选》第 1—3 卷，人民出版社 2006 年版。

18. 中共中央文献研究室编：《江泽民论有中国特色社会主义（专题摘编）》，中央文献出版社 2002 年版。

19. 冷溶、汪作玲主编：《邓小平思想年谱（1975—1997）》（下册），中央文献出版社 1998 年版。

20. 陈宝森著：《西方财政理论研究》，经济科学出版社 2000 年版。

21. 陈昌盛、蔡跃洲编著：《中国政府公共服务：体制变迁与地区综合评估》，中国社会科学出版社 2007 年版。

22. 陈红霞编著：《社会福利思想》，社会科学文献出版社 2002 年版。

23. 邓子基著：《马克思恩格斯财政思想研究》，中国财政经济出版社 1990 年版。

24. 傅骊元编著：《"福利国家"剖析》，贵州人民出版社 1985 年版。

25. 高培勇主编：《财政与民生》，中国财政经济出版社 2008 年版。

26. 顾海良著：《马克思经济思想的当代视界》，经济科学出版社 2005 年版。

27. 何振一著：《理论财政学》，中国财政经济出版社 2005 年版。

28. 洪远朋、卢志强、陈波著：《社会利益关系演进论》，复旦大学出版社 2006 年版。

29. 胡鞍钢、王邵光编：《政府与市场》，中国计划出版社2000 年版。

30. 胡鞍钢、邹平著：《社会与发展：中国社会发展地区差距研究》，浙江人民出版社2000 年版。

31. 黄恒学主编：《公共经济学》，北京大学出版社2007 年版。

32. 贾康、白景明著：《中国发展报告：财政与发展》，浙江人民出版社2000 年版。

33. 李炳炎著：《共同富裕经济学》，经济科学出版社2006 年版。

34. 李军鹏著：《公共服务型政府》，北京大学出版社2006 年版。

35. 李军鹏著：《公共服务学》，国家行政学院出版社2007 年版。

36. 刘瑞、武少俊、王玉清编著：《社会发展中的宏观管理》，中国人民大学出版社2005 年版。

37. 刘尚希、孟春等著：《公共政策与地区差距》，中国财政经济出版社2006 年版。

38. 齐守印著：《中国公共经济体制改革与公共经济学论纲》，人民出版社2002 年版。

39. 世界银行编著：《2004 年世界发展报告：让服务惠及穷人》，中国财政经济出版社2004 年版。

40. 汤在新主编：《〈资本论〉续篇探索：关于马克思计划写的六册经济学著作》，中国金融出版社1995 年版。

41. 王珏主编：《中国社会主义政治经济学40 年（1949 —

1989)》第 1—4 卷，中国经济出版社 1991 年版。

42. 王延杰著：《中国公共经济理论与实践》，中国财政经济出版社 2004 年版。

43. 吴易风著：《马克思主义经济学和新自由主义经济学》，中国经济出版社 2006 年版。

44. 吴忠民著：《走向公正的中国社会》，山东人民出版社 2008 年版。

45. 项怀诚主编：《中国财政 50 年》，中国财政经济出版社 1999 年版。

46. 项中新著：《均等化：基础、理念与制度安排》，中国经济出版社 2000 年版。

47. 杨植林主编：《毛泽东财政思想研究》，社会科学文献出版社 1991 年版。

48. 姚洋主编：《转轨中国：审视社会公正和平等》，中国人民大学出版社 2004 年版。

49. 雍文远主编：《社会必要产品论》，上海人民出版社 1985 年版。

50. 张旭著：《马克思经济学体系研究》，中国人民大学出版社 2002 年版。

51. 张旭著：《中国经济学的构建与发展》，中国经济出版社 2000 年版。

52. 中国（海南）改革发展研究院编：《政府转型与建设和谐社会》，中国经济出版社 2006 年版。

53. 中国（海南）改革发展研究院编：《基本公共服务均等化：新农村建设之重》，中国经济出版社 2007 年版。

54. 中国（海南）改革发展研究院编：《聚焦中国公共服务体制》，中国经济出版社 2006 年版。

55. 中国（海南）改革发展研究院编：《政府转型与社会再分配》，中国经济出版社 2006 年版。

56. 中国（海南）改革发展研究院编：《中国公共服务体制：中央与地方关系》，中国经济出版社 2006 年版。

57. 中国（海南）改革发展研究院编：《中国基本公共服务建设路线图》，世界知识出版社 2010 年版。

58. 中央财政金融学院财经研究所编：《马克思恩格斯列宁斯大林毛泽东关于财政与财务的论述》，东北财金大学出版社 1988 年版。

59. 周新城著：《什么是社会主义》，经济科学出版社 2000 年版。

60. 周新城著：《中国特色社会主义经济制度论》，中国经济出版社，2008 年版。

61. 朱荣科著：《社会主义福利经济学》，黑龙江教育出版社 1998 年版。

62. 黄恒学、张勇主编：《政府基本公共服务标准化研究》，人民出版社 2011 年版。

63. ［德］洛尔夫·德鲁贝克、雷纳特·麦科尔著：《马克思恩格斯论社会主义社会和共产主义社会》，籍维立等译，河南人民出版社 1993 年版。

64. ［德］乌尔里希·贝克著：《风险社会》，何博闻译，译林出版社 2004。

65. ［加］R·米什拉著：《资本主义社会的福利国家》，郑秉文译，法律出版社 2003 年版。

66. ［美］贝尔著：《后工业社会的来临》，高銛等译，商务印书馆 1984 年版。

67. ［美］加尔布雷思著：《经济学和公共目标》，蔡受百译，商务印书馆 1980 年版。

68. ［美］约翰·罗尔斯著：《正义论》，何怀宏等译，中国社会科学出版社 2006 年版。

69. ［美］斯蒂格利茨等著：《政府为什么干预经济》，郑秉文译，中国物资出版社 1998 年版。

70. ［美］珍妮特·V·登哈特、罗伯特·V·登哈特著：《新公共服务—服务，而不是掌舵》，丁煌译，中国人民大学出版社 2004 年版。

71. ［英］威廉·汤普逊著：《最能促进人类幸福的财富分配原理的研究》，何慕李译，商务印书馆 1986 年版。

72. "公共服务均等化"课题赴美加考察团：《加拿大和美国基本公共服务均等化情况的考察》，《宏观经济研究》2008 年第 2 期。

73. 基本公共服务均等化与政府财政责任"协作课题组：《基本公共服务均等化与政府财政责任》，《财会研究》2008 年第 6 期。

74. 安体富：《公共服务均等化：理论、问题与对策》，《财贸经济》2007 年第 8 期。

75. 柏良泽：《公共服务研究的逻辑和视角》，《中国人才》2007 年第 3 期。

76. 常修泽：《建立人文关怀和经济可行的公共服务体制》，

《学习月刊》2006 年第 10 期。

77. 常修泽：《中国现阶段基本公共服务均等化研究》，《中共天津市委党校学报》2007 年第 2 期。

78. 陈宝森：《财政学基础理论应该以马克思主义为指导》，《马克思主义研究》2007 年第 8 期。

79. 陈海威：《中国基本公共服务体系研究》，《科学社会主义》2007 年第 3 期。

80. 陈甬军：《中国为什么在 50 年代选择了计划经济体制》，中国经济史研究》2004 年第 3 期。

81. 陈元刚：《社会保障水平与经济发展水平关系研究》，《理论前沿》2007 年第 15 期。

82. 陈志楣：《论公共经济存在的依据》，《中国特色社会主义》2008 年第 4 期。

83. 成海军：《计划经济时期中国社会福利制度的历史考察》，《当代中国史研究》2008 年第 5 期。

84. 程红艳、付俊：《关于基础教育均衡发展的七个问题辨析》，《教育与管理》2007 年第 11 期。

85. 邓力平：《对我国现阶段公共产品提供的几点看法》，《财政研究》2007 年第 10 期。

86. 丁元竹：《促进我国基本公共服务均等化的对策》，《宏观经济管理》2008 年第 3 期。

87. 丁元竹：《基本公共服务如何均等化》，《瞭望新闻周刊》2007 年第 8 期。

88. 董瑞华、胡德平：《中国公共经济学研究的马克思主义视野》，《当代经济研究》2007 年第 4 期。

89. 杜创国：《马克思主义的国家观与政府职能转变》，《马克思主义研究》2008 年第 8 期。

90. 国家发展改革委员会宏观经济研究课题组：《促进我国基本公共服务均等化》，《宏观经济管理》2008 年第 5 期。

91. 国家发展改革委员会宏观经济研究课题组：《公共服务支出对收入差距调节的贡献》，《经济学动态》2008 年第 9 期。

92. 韩子荣、尚铁力：《我国医疗卫生服务业面临的挑战与改革思路》2007 年第 3 期。

93. 何振一：《构建社会主义和谐社会中财政职能的特殊问题》，《地方财政研究》2007 年第 5 期。

94. 洪银兴：《城乡差距和城乡统筹发展的优先序》，《当代经济研究》2008 年第 1 期。

95. 胡钧、贾凯君：《马克思公共产品理论与西方公共产品理论比较研究》，《教学与研究》2008 年第 2 期。

96. 胡联合：《自由：促进人和社会发展的基本路径》，《探索》2008 年第 4 期。

97. 黄河：《论公共需求与中国经济增长》，《南京师大学报》2004 年第 7 期。

98. 贾康：《公共服务的均等化应积极推进，但不能急于求成》，《审计与理财》2007 年第 8 期。

99. 金人庆：《完善促进基本公共服务均等化的公共财政制度》，《中国财政》2006 年第 11 期。

100. 景天魁：《大力推进与国情相适应的社会保障制度建设》，《理论前沿》2007 年第 18 期。

101. 李玲：《国外医疗卫生体制以来对我国医疗卫生改革的

启示》，《红旗文稿》2004 年第 21 期。

102. 李玲：《我国应实施健康强国战略》，《中国卫生经济》2006 年第 4 期。

103. 梁清：《均衡发展：义务教育异化的超越》，《东北师大学报》2006 年第 3 期。

104. 刘钧：《我国社会保障制度改革的进展与前景》，《宏观经济管理》2007 年第 7 期。

105. 刘荣军：《以人为本的财富发展观与我国社会主义发展的基本要求》，《马克思主义研究》2008 年第 6 期。

106. 刘瑞：《中国经济定型之后社会转型若干问题》，《北京行政学院学报》2007 年第 3 期。

107. 刘尚希：《基本公共服务均等化：现实要求和政策路径》，《浙江经济》2007 年第 13 期。

108. 刘尚希：《怎样实现我国基本公共服务均等化》，《上海党史与党建》2007 年第 7 期。

109. 刘小川：《满足公共需求应是我国经济发展的主流特征》，《南京大学学报》2005 年第 3 期

110. 刘晓苏：《国外公共服务供给模式及其对我国的启示》，《长白学刊》2008 年第 6 期。

111. 吕炜、王伟同：《发展失衡、公共服务与政府责任》，《中国社会科学》2008 年第 4 期。

112. 吕炜、赵佳佳：《中国经济发展过程中的公共服务与收入分配调节》，《财贸经济》2007 年第 5 期。

113. 马庆钰：《公共服务的几个基本理论问题》，《中共中央党校学报》2005 年第 1 期。

114. 彭刚：《丰裕中的贫困》，《教学与研究》2005 年第 12 期。

115. 石冀平：《对社会主义市场经济中公共产品的一点看法》，《经济学家》2008 年第 6 期。

116. 孙小莉：《公共服务论析》，《新视野》2007 年第 1 期。

117. 孙亦军：《我国社会保障制度建设中政府责任定位研究》，《中央财经大学学报》2007 年第 5 期。

118. 王国华：《基本公共服务标准化：政府统筹城乡发展的一种可行性选择》，《财贸经济》2008 年第 3 期。

119. 王丽娅：《关于公共服务供给与政府转型的若干概念性思考》，《辽宁大学学报》2006 年第 11 期。

120. 王任飞、王进杰：《我国基础设施发展现状评析》，《经济研究参考》2006 年第 38 期。

121. 王善迈：《我国教育投资比例的历史分析》，《北京师范大学学报》1987 年第 5 期。

122. 王延中、单大圣：《中国农村合作医疗制度三十年》，《中国社会科学内刊》2008 年第 4 期。

123. 王雍君：《建国以来公共支出结构的演变》，《中央财经大学学报》1999 年第 10 期。

124. 吴苑华：《关切民生：一个不能忽视的马克思传统》，《马克思主义研究》2008 年第 6 期。

125. 夏杰长：《财政向民生倾斜的理论依据、重点领域与基本思路》，《经济学动态》2007 年第 11 期。

126. 徐永林：《论目前我国农民工的社会保障》，《经济问题探索》2007 年第 9 期。

127. 徐月宾、张秀兰：《中国政府在社会福利中的角色重建》，《中国社会科学》2005 年第 5 期。

128. 杨聪敏：《民生权利的马克思主义解读》，《探索》2008 年第 4 期。

129. 于长革：《经济发展中影响公共支出结构的因素分析》，《经济经纬》2006 年第 1 期。

130. 张国平、邱风：《基于再分配改革与政府转型的城乡统筹发展思考》，《经济学家》2006 年第 6 期。

131. 张铃枣：《服务型政府职能的马克思主义理论溯源》，《马克思主义与现实》2008 年第 5 期。

132. 张琪：《中国医疗卫生体制改革的几个问题的探讨》，《人口与经济》2007 年第 2 期。

133. 中国经济增长与宏观稳定课题组：《增长失衡与政府责任》，《经济研究》2006 年第 10 期。

134.《国家基本公共服务体系"十二五"规划》，《光明日报》2012 年 7 月 20 日。

135. 刘琼莲：《论基本公共服务均等化的实质》，《教学与研究》2009 年第 6 期。

136. 张忠利、刘春兰：《发达国家基本公共服务均等化实践及其启示》，《中共天津市委党校学报》2013 年第 2 期。

137. 顾丽梅：《英、美、新加坡公共服务模式比较研究——理论、模式及其变迁》，《浙江学刊》2008 年第 5 期。

138. 蔡秀云：《社会基本公共服务均等化标准探析》，《经济研究参考》2011 年第 22 期。

139. 项继权：《我国基本公共服务均等化的战略选择》，《社会主义研究》2009年第1期。

140. 杨华：《公共服务均等化：现状、成因与改进建议》，《首都经济贸易大学学报》2010年第6期。

141. 赵怡虹、李峰：《基本公共服务地区间均等化：基于政府主导的多元政策协调》，《经济学家》2009年第5期。

142. 尹华、朱明仕：《论我国公共服务供给主体多元化协调机制的构建》，《经济问题探索》2011年第7期。

143. 张开云、张兴杰：《公共服务均等化：制度障碍与发展理路》，《浙江社会科学》2011年第6期。

144. 廖文剑、徐晓林：《政府转型中的基本公共服务体系构建》，《人民论坛》2010年第5期。

145. 高军：《城乡公共服务均等化论纲》，《理论导刊》2012年第10期。

146. 胡鞍钢、王洪川、周绍杰：《国家"十一五"时期公共服务发展评估》，《中国行政管理》2013年第4期。

147. 胡祖才：《关于促进公共服务均等化的若干思考》，《宏观经济管理》2010年第8期。

148. 曾保根：《基本公共服务体制创新的研究反思与理论廓清》，《经济体制改革》2013年第1期。

149. 罗旭：《改革完善我国基本公共服务供给制度问题探究》，《理论导刊》2013年第4期。

150. Atkinson, A. B., *Welfare and Work Ineentives*. Oxford: Clarendon Press, 1993。

151. Freeman, R. B., *The Welfare Statein Transition*. The University of ChieagoPr, Chieago, 1997。

152. Harold L. Wilensky&Charles N. Lebeaux, *Industrial society and Social Welfare*, The Free Press, 1965。

153. Robson, W.A., *Welfare State and Welfare Society*: *Illusion and Reality*, London: George Allen&Unwin, 1976。

154. Samuelsom, Paul., "The Pure Theory of Public Expenditure", *Review of Economics and statistics*, 1954。

155. Titmuss, R.M., Essays on "The Welfare State", London: George Allen&Unwin, 1960。

156. Soros, Geoge., *The Crsis of Globle Capitalism*: *Open Society Endangered*. NewYork: Public Affairs.1998。

后　记

　　本书是在我博士论文的基础上修改而成，也是对该课题所涉领域总体认识的一个小结。前进中的每一步凝聚着许多人的心血和努力、关怀与帮助，在本书即将出版之际，借助这寥寥几笔来表达我内心的感激之情。

　　感谢我的恩师周新城教授，周老师是一位坚定的马克思主义者，老师以其深厚的理论功底、渊博的学识和勤奋严谨的治学态度为马克思主义经济学的发展做出了自己的贡献。在论文写作过程中，老师的教诲与启迪使我受用无穷，从选题到开题、写作都浸透着老师的心血，特别是在我精神最困苦的时候，老师给我的鼓励、支持和帮助使我能够坚持下去。感谢师母在生活上的关心、学业上的提醒和精神上的鼓励，对师母的感激永存心底。

　　感谢我的恩师张旭教授，我的每一点成绩和进步，都和张老师的教诲和支持密不可分。大到论文题目的确定、论文思路的形成、框架结构的安排，小到行文中词句的表达、标点符号的使用，张老师都给予了悉心的指导。老师以其敏锐的问题意识、严密的逻辑推理、用看似不经意的点拨启发我找到自己的方向，使我能够重新振作精神，加倍努力。只是由于本人才疏学浅，在论文写作中没能全部领会老师的教诲，望老师谅解！

感谢中国人民大学经济学院陈享光教授在论文开题过程中提出的建设性意见。感谢国家行政学院经济学部张孝德教授对论题给予的深刻启发和在精神上给予的鼓励。感谢论文匿名评审专家和答辩委员们从不同角度提出的宝贵的修改意见，这使得我进一步认真思考和完善我的论文。老师们的帮助，令我铭刻在心。

感谢家人从精神上和生活上给予我的莫大支持。我的父母经常挂念我的学业和生活，公公任劳任怨的帮我照顾孩子。爱人是我求学的坚实后盾，他不仅承担起了照顾家和孩子的责任，而且在论文写作过程中为我分忧解压。女儿乖巧懂事、成绩优秀，使我感到非常欣慰。

感谢山西省教育厅给予该课题的高等学校哲学社会科学项目的立项和资助的机会，在课题的进一步研究过程中，学院的领导和同事们给予了很多帮助，使本书得以正式出版。

感谢大家给予的关怀！感谢读博让我成长！然而受才智所限，深感文稿尚有许多缺憾，诸多疑问仍然没有找到答案，某些论证也显得肤浅。我想我会继续走下去，以加倍努力来弥补！

秦楼月

2013 年 7 月

责任编辑:赵圣涛
封面设计:徐　晖
责任校对:吴晓娟

图书在版编目(CIP)数据

中国基本公共服务建设问题研究/秦楼月 著. -北京:人民出版社,2013.11
ISBN 978－7－01－012680－7

Ⅰ.①中…　Ⅱ.①秦…　Ⅲ.①社会服务-研究-中国　Ⅳ.①D669.3

中国版本图书馆 CIP 数据核字(2013)第 235562 号

中国基本公共服务建设问题研究
ZHONGGUO JIBEN GONGGONG FUWU JIANSHE WENTI YANJIU

秦楼月　著

人民出版社 出版发行
(100706　北京市东城区隆福寺街 99 号)

北京瑞古冠中印刷厂印刷　新华书店经销

2013 年 11 月第 1 版　2013 年 11 月北京第 1 次印刷
开本:710 毫米×1000 毫米 1/16　印张:14.25
字数:240 千字　印数:0,001-3,000 册

ISBN 978－7－01－012680－7　定价:36.00 元

邮购地址 100706　北京市东城区隆福寺街 99 号
人民东方图书销售中心　电话 (010)65250042　65289539